直笔体育百科系列

英伦风云

念洲流年 ▶ 著

北京时代华文书局

图书在版编目（CIP）数据

英伦风云 / 念洲 , 流年著 . -- 北京 : 北京时代华文书局 , 2025. 5. -- ISBN 978-7-5699-5996-3

Ⅰ . G843.656.1

中国国家版本馆 CIP 数据核字第 20257931SB 号

YINGLUN FENGYUN

出 版 人：陈　涛
选题策划：董振伟　直笔体育
责任编辑：马彰羚
执行编辑：孙沛源
责任校对：薛　治
装帧设计：严　一　迟　稳
责任印制：刘　银

出版发行：北京时代华文书局 http://www.bjsdsj.com.cn
　　　　　北京市东城区安定门外大街 138 号皇城国际大厦 A 座 8 层
　　　　　邮编：100011　电话：010-64263661　64261528

印　　刷：北京盛通印刷股份有限公司
开　　本：710 mm×1000 mm　1/16　　成品尺寸：170 mm×240 mm
印　　张：18　　　　　　　　　　　　字　　数：262 千字
版　　次：2025 年 5 月第 1 版　　　　印　　次：2025 年 5 月第 1 次印刷
定　　价：78.00 元

本书图片由视觉中国提供。
版权所有，侵权必究
本书如有印刷、装订等质量问题，本社负责调换，电话：010-64267955。

卷首语

致敬！1888 年的奠基者

当我们谈起 1888 年时，我们会谈些什么？历史爱好者会谈起，那是清光绪十四年，康有为第一次上书光绪帝请求变法；音乐爱好者会谈起，那年，柴科夫斯基创作了《E 小调第五交响曲》；军事爱好者会谈起，北洋水师于 1888 年正式成军；悬疑小说爱好者会谈起，"开膛手杰克"正在伦敦制造连环凶杀案，而神探夏洛克·福尔摩斯侦破了"恐怖谷"案件。

如果你是足球爱好者，尤其如果你是英格兰足球、英格兰足球超级联赛（简称"英超"）的粉丝，那么当你谈起 1888 年时，必然要提到的是那一年的 9 月 8 日——历史上首届英格兰足球甲级联赛（英超的前身，简称"英甲"）揭幕了。如果你有幸穿越到那一刻，你身旁的那些与你一样成为历史见证者的人，恐怕无论如何也不会想到，130 多年之后，它会演变成如今这番模样：世界上竞争最激烈、球迷关注度最高、转播费卖得最贵的"第一足球联赛"——哪怕已经不是名义上的"第一"。

1888 年的英国，正处于维多利亚时代（1837 年至 1901 年），那是英国历史上欣欣向荣、充满机遇的时期。当然，也正如狄更斯在《双城记》里描述的那样：

卷首语

"这是最好的时代,这是最坏的时代。"

不过至少从正面来看,两次工业革命的硕果迸发出的巨大生产力,令立于世界之巅的英国风光无限——这是英格兰足球联赛诞生的最广阔历史背景,谈论它的诞生,无论如何也无法回避那个时代。

除此之外,我们还要提到一个人。在任何一本关于英格兰足球的史书上,你都会看到威廉·麦格雷戈的名字,他被认为是英格兰足球联赛的奠基者。

这位麦格雷戈是什么人呢?布料商人显然不是他得以名载史册的角色,他最重要的身份是阿斯顿维拉队的委员会成员。"委员会"是那个时代的产物,手握话语权和决定权,球队的一干事宜都由它来决定,甚至包括球队的出场阵容。

麦格雷戈之所以拥有超乎常人的远见卓识,与他对时代脉搏的精准把握密不可分。经济发展,带来的是物质生活水平的提高,随之而来的是人们对娱乐生活的极度渴求。换句通俗易懂的话说,就是"有钱有时间"。当时的英格兰足坛,已经有各种杯赛和为数更多的友谊赛,连主客场两回合较量的概念也有了。

不过,这已无法满足球迷日益增长的需求,他们更希望能在固定的时间(最好是周末)观看固定的比赛,最好是实力相近的球队间的激烈对抗,而不是水平参差不齐、强弱悬殊的杯赛和友谊赛。因此,杯赛和友谊赛的受关注度越来越低。

此外,球员职业化也让麦格雷戈看到了改变的契机。1879年,达温队成为历史上第一支聘用职业球员的球队;1883年,布莱克本奥林匹克队依靠数量不少的职业球员夺得英格兰足总杯(简称"足总杯")冠军。不过英格兰足球总会(简称"英足总")对职业化持反对意见,1884年还曾因职业球员的问题取消了普雷斯顿队的足总杯参赛资格。于是,30多支球队宣称"如果英足总不同意职业化,他们将成立英格兰足球协会","纸老虎"英足总最终妥协了,于1885年7月20日正式承认职业球员的合法性。

职业化的球员,靠踢球就能养活自己,于是有了更多的时间和更好的条件来

致敬！1888年的奠基者

进行专门训练，以磨炼球技，对提升球队的实力大有益处。但球队得为他们支付薪水，这加重了球队的财务负担，意味着球队必须寻找新的收入来源。

当时既没有电视转播，也没有广告赞助，甚至连专业摄影师都没有，纸媒想报道比赛，得专门聘请画师把进球画面给画下来！所以球队想增加收入的话，只能从门票方面入手，想方设法吸引更多的观众来现场看球。

创立职业足球联赛，让球队组织职业球员参赛，用高质量的比赛吸引观众。在一个冬天的夜里，麦格雷戈在与咖啡店老板乔·特罗森的交谈中，诞生了这个伟大的想法。麦格雷戈立刻付诸行动，他最先得到了阿斯顿维拉队副主席弗格斯·约翰斯通以及委员会成员们的大力支持。约翰斯通对他说道："麦格雷戈，去干吧！你的想法切中要害，把它搞出来，你会取得伟大的成功。"

阿斯顿维拉队为何会给予麦格雷戈鼎力支持呢？因为这支球队在未雨绸缪。就在几周之前，阿斯顿维拉队成为一项全国比赛的冠军，但在米德兰地区的比赛中遭遇失利，紧接着又在杯赛中被普雷斯顿队淘汰出局，在英格兰足坛中的地位受到后者的巨大挑战。阿斯顿维拉队要想巩固自己的地位、掌握主导权，就必须寻求改变，而麦格雷戈的想法无疑是一场及时雨。此外，投资者与球队发生矛盾令阿斯顿维拉队出现财政危机，开源势在必行。

1888年3月2日，麦格雷戈主动写信联系了四支球队：布莱克本流浪者队、博尔顿漫游者队（简称"博尔顿队"）、普雷斯顿队、西布罗姆维奇队。他希望能制定出一个可供五队参赛的赛程，并建议为此召开会议商谈。但五队显然太少了，于是博尔顿队的秘书杰克·本特利又提出邀请另外八支球队共商大事。

3月23日，多方会谈在弗利特街举行，但普雷斯顿队主席威廉·苏德尔、博尔顿队秘书杰克·本特利一齐缺席。他们在干什么？原来本特利在劝说苏德尔。普雷斯顿队是当时实力较强的一支球队，本特利认为如果不把对方"拉上船"，那么这场变革注定将是风险极大的冒险。最终，苏德尔同意了。

卷首语

说到底，这些球队能在这个问题上基本达成一致，最大的原因就是一个字：钱。麦格雷戈自己承认："组建足球联赛的目的就是创造比友谊赛更多的利益。"这充分暴露出资本主义商人逐利的本性。也就是说，足球职业化从一开始就与商业化有着密不可分的联系。只不过，一开始还是有许多支持业余足球、反对商业化的"纯粹主义者"，到后来支持职业化、商业化的人越来越多。100多年后英超的诞生，不过是历史如出一辙的重演罢了。

在选择组建足球联赛的球队方面，麦格雷戈体现出商人唯利是图的特性。他提出"排他性"，即原则上一个城镇只能有一支球队加入联赛，选择标准也不是哪支球队的实力最强，而是哪支球队的门票收入最高。这样的规定，导致一些足球强队无法进入联赛。也因此，英格兰球迷喜闻乐见的德比大战，并没有从一开始就大量出现在足球联赛里。

当然也不是没有例外。阿斯顿维拉队和西布罗姆维奇队就是同在西米德兰郡的一对死敌，这违背了"排他性"原则，但麦格雷戈还是把死敌拉了进来。据说，这很可能是他出于身为球队高层兼铁杆粉丝的私心。要知道，西布罗姆维奇队在19世纪80年代称雄伯明翰杯赛，而一旦参加职业联赛，球队就必须将主要精力放在这上面，势必会影响在杯赛继续称霸。

1888年4月17日，普雷斯顿队、西布罗姆维奇队、阿斯顿维拉队、诺茨郡队、布莱克本流浪者队、伍尔弗汉普顿流浪者队（简称"狼队"）、伯恩利队、斯托克漫游者队（斯托克城队的前身）、埃弗顿队、阿克灵顿队、博尔顿队和德比郡队的代表，齐聚曼彻斯特的皇家旅馆，商议足球联赛创立的诸多事宜。这十二支球队，也就是英格兰足球联赛的创始元老，被称为"十二门徒"。

熟悉英国地理的朋友会知道，在当时这十二支球队里面有六支来自兰开夏郡，另外六支则来自米德兰地区。也就是说，既没有英格兰东北地区和南方的球队，又没有苏格兰和威尔士球队的参与，显然不具备广泛性和代表性。这正是它的局

致敬！1888 年的奠基者

限性所在，但并不能影响它的历史地位和对后世的影响力。

这里有个小故事值得一提：麦格雷戈最初提议将联赛命名为"Football Union"（足球联盟），但苏德尔更偏爱"Football League"（足球联赛）这个名字。鉴于普雷斯顿队当时是英格兰足坛的霸主，实力无人能敌，于是最终选择了后者。

还有一个疑问：怎样排定联赛的位次呢？这个问题直到 11 月 21 日才得到解决：按照积分，胜一场得 2 分，平一场得 1 分，失利不得分。这一规则一直沿用到 1981 年，才改为现行的 3 分制，即胜一场得 3 分，平一场得 1 分，失利不得分。如果积分相同呢？也有办法：进球数除以失球数（而非现行的进球数减去失球数），商数高者排名更靠前，也就是所谓的"得失球"。

英甲表态，并不介意其他球队组成第二级别的联赛，而且第二级别联赛的前四名球队可以与英甲的最后四名进行比赛，胜利则取得升级资格（还有一种说法是，英甲的后四名球队被淘汰，再从愿意加入足球联赛的其他球队中选择新成员）。为了避免与英足总发生直接冲突，英甲还表示自己的目标并不是成为英格兰唯一的足球联赛，愿意效法美国的棒球联赛（同时存在多个联盟），与其他联赛和平共处。

最终，首届英甲定于 1888 年 9 月 8 日（周六）下午揭幕，这一时间定得也很讲究。9 月开始，是因为一些足球队需要与当地的板球队共享同一块场地，这样一来可以与板球的赛季错开时间。英足总指定的赛季是从 10 月开始，联赛此举也算是先下手为强。

定于周六比赛，是宗教原因，英足总当时不允许在周日安排球赛；定在周六下午，则是因为当时英国很多地区的工人已经获得在周六休息半天的待遇，可以吸引他们来现场看球。当然，还有一个重要原因，那就是当时没有夜间的照明设备，下午开球能赶在天黑之前结束比赛。

卷首语

从此，英甲正式诞生了。这是一项对未来世界足球产生巨大影响的创举。如果没有 1888 年的奠基者，以及他们所创立的各种制度规范，还会有现在如火如荼的欧洲足球五大联赛、中国足球超级联赛，以及各国的足球联赛吗？答案是否定的。从这个角度来说，"足球联赛"也许是足球历史上最伟大的一项发明。

第一个赛季的英甲冠军，最终被普雷斯顿队以不败战绩获得，普雷斯顿队也成为英格兰职业足球历史上的第一位霸主。然而在 2014—2015 赛季足总杯上，当普雷斯顿队与英超时代的头号霸主曼彻斯特联队（简称"曼联队"）相遇时，普雷斯顿队已经沦落至英格兰第三级别足球联赛，不过名称还是"英甲"（1992 年，英超创立，成为英格兰顶级足球联赛，英甲降为第二级别联赛；2004 年，英格兰足球冠军联赛创立，成为第二级别联赛，英甲变为第三级别联赛）。

英超创立以来，只有曼联队、曼彻斯特城队（简称"曼城队"）、切尔西队、阿森纳队、利物浦队、布莱克本流浪者队、莱斯特城队夺得过冠军，不算布莱克本流浪者队和莱斯特城队，前 5 支球队组成了当今球迷最熟悉的英超"Big 5"。

然而从 1888 年开始，到 1992 年英超创立之前，普雷斯顿队、桑德兰队、阿斯顿维拉队、谢菲尔德星期三队、西布罗姆维奇队、伯恩利队、哈德斯菲尔德队、朴次茅斯队等球队，都曾获得过英格兰足坛的至尊荣耀。只不过如今它们或已成为英超的中下游球队，或在更低级别的联赛里征战，早已不复昔日荣光。

但是，这并不意味着我们不应该了解它们，特别是对于喜欢英格兰足球以及英超的中国球迷来说。于是，追忆老英甲时代的冠军荣耀，钩沉被人遗忘的光辉岁月，就成了本书担负的使命。

目 录
CONTENTS

第一章
王者永生

01 王者初生……2
02 霸业终成……7
03 王者永生……14

第二章
第一个三连冠

01 前查普曼时代……20
02 查普曼时代……24
03 后查普曼时代……32

第三章

军港之业

01 冠军前传……38

02 "庞贝"首冠……42

03 军港大业……47

第四章

欧洲最强音

01 狼队的初生……54

02 "少校"巴克利……57

03 "救世主"库利斯……62

04 欧洲最强音……68

第五章

美丽足球之花

01 "白百合"的崛起……78

02 罗维与撞墙式配合……82

03 尼科尔森与"双冠王"……89
04 美丽足球之花……96

第六章
升班马奇迹

01 小镇兴起……102
02 王者驾临……106
03 无翼奇迹……109
04 一步登天……113

第七章
"公羊"怒角

01 沉默的"公羊"……122
02 短暂的辉煌……127
03 名帅的登场……132
04 最后的怒角……140

第八章

赤色森林

01 奇迹前夜……146

02 奇迹缔造者……151

03 奇迹诞生……156

第九章

"狮王"传说

01 "雄狮"崛起……166

02 "狮王"登基……170

03 "狮王"传奇……177

第十章

分庭抗礼之蓝

01 利物浦的初代王……188

02 神射手的大爆发……192

03 神圣三位一体……198

04 最后的分庭抗礼……205

第十一章
白衣飘飘的黄金时代

01 "孔雀"的蛰伏……212
02 里维的到来……217
03 "白军"的黄金时代……224
04 时代的落幕……229
05 名帅之家……235
06 最后的冠军……240

第十二章
英超新时代

01 臭名昭著的足球流氓……248
02 惨案连连,"铁娘子"开战……252
03 旧时代终结,英超的诞生……257
04 三十年,两场奇迹……263

附录 271

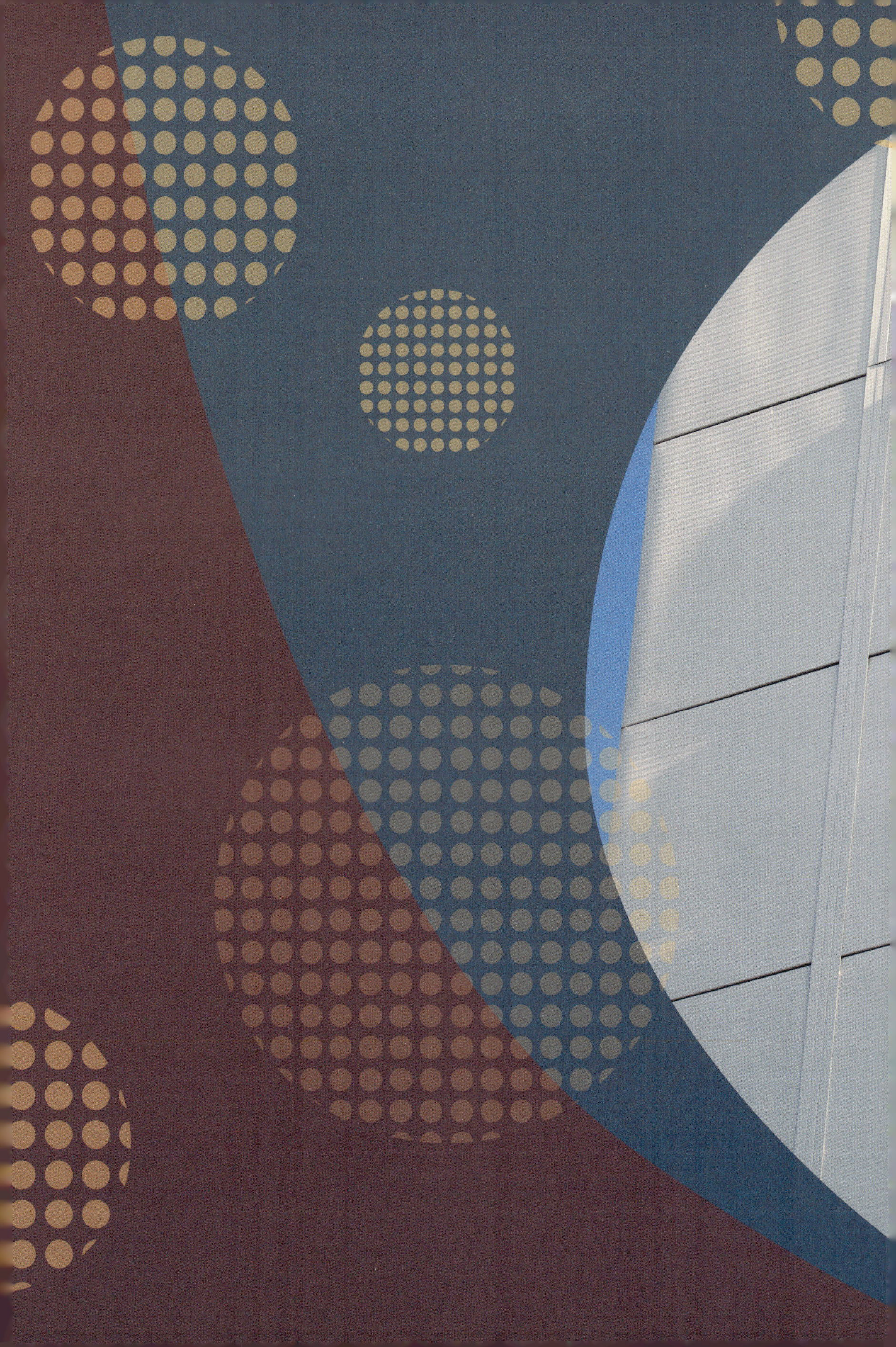

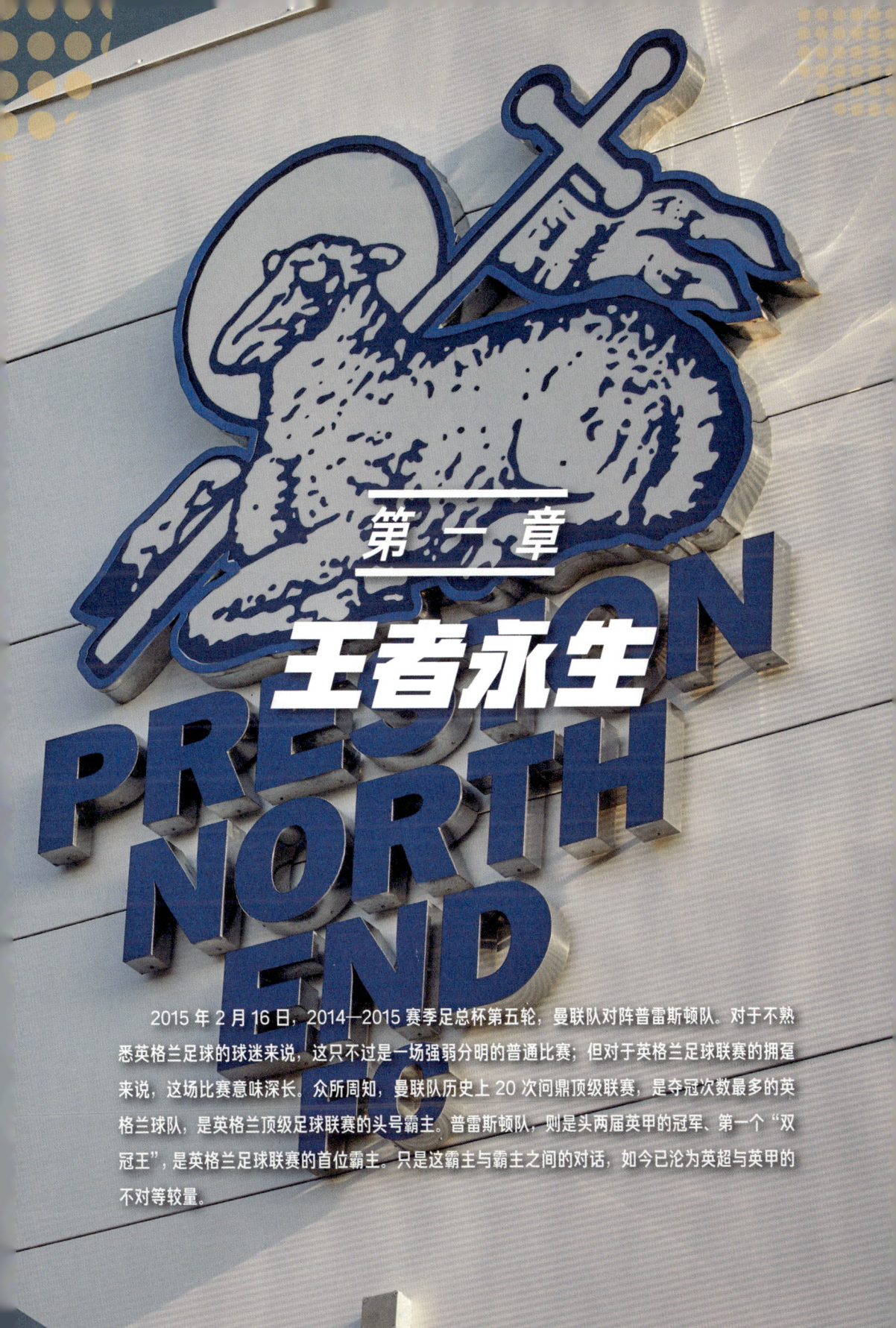

第一章

王者永生

2015年2月16日，2014—2015赛季足总杯第五轮，曼联队对阵普雷斯顿队。对于不熟悉英格兰足球的球迷来说，这只不过是一场强弱分明的普通比赛；但对于英格兰足球联赛的拥趸来说，这场比赛意味深长。众所周知，曼联队历史上20次问鼎顶级联赛，是夺冠次数最多的英格兰球队，是英格兰顶级足球联赛的头号霸主。普雷斯顿队，则是头两届英甲的冠军、第一个"双冠王"，是英格兰足球联赛的首位霸主。只是这霸主与霸主之间的对话，如今已沦为英超与英甲的不对等较量。

01

王者初生

毫不夸张地说,"普雷斯顿队王朝"就是苏德尔亲手建立起来的。

01 王者初生

普雷斯顿队，成立于1880年，全称是"普雷斯顿北区队"，绰号"百合"。它所在的主场迪普戴尔球场，建于1875年，开放于1878年，是英格兰最古老的球场之一。2012年之前，这里还是英国的国家足球博物馆所在地。虽然之后博物馆迁址到曼彻斯特，但普雷斯顿队和它的迪普戴尔球场，依然堪称英格兰足球历史的见证者。

那么问题来了：普雷斯顿队为何能成为英格兰顶级足球联赛的第一位霸主呢？这还要从一个人说起，他就是威廉·苏德尔。前文提到过，麦格雷戈是"联赛之父"，而苏德尔对足球联赛的缔造之功，并不逊色于前者。当然，他更是当之无愧的"普雷斯顿队之父"。

其实早在19世纪六七十年代，普雷斯顿队还不是一支足球队，而是一支板球队。1867年，年仅17岁的苏德尔就已经成为球队的一员了，也跟着球队参加过很多比赛。

那个年头还没有"职业运动员"这一说，所以苏德尔终究得有个"正经"工作。于是24岁时，他当上了一名军需官，此后一路升迁，从中尉、上尉一直升到少校。退役之后，苏德尔又开始经商，为多家企业工作过，算是位成功的商人。

19世纪80年代早期，足球开始在兰开夏郡流行起来。在普雷斯顿队效力期间，苏德尔就很喜欢踢球，也有幸参加了1878年球队历史上的第一场足球比赛。但他很快就知道自己根本没有能力踢球。既然不能当球员，那就"勉为其难"地当领导吧。于是在1880年，借着足球席卷兰开夏郡的东风，普雷斯顿队正式成立，

第一章 王者永生

01 王者初生

而只有 29 岁，但拥有丰富人生阅历的苏德尔，就成了球队主席。

AC 米兰队前主席西尔维奥·贝卢斯科尼如果知道苏德尔的事迹，一定羡慕不已。因为苏德尔不仅是主席，还身兼数职：总秘书长、球探、会计、训练员。当主席还能安排阵容、指挥训练、交易球员，这岂不是贝卢斯科尼最想参与的事吗？

毫不夸张地说，"普雷斯顿队王朝"就是苏德尔亲手建立起来的。为了称霸英格兰足坛，他做的第一件事就是从苏格兰引进足球人才。当时的苏格兰足坛"技术流"当道，信奉团队至上，在场上通过传球来发起进攻，与崇尚个人主义、注重带球突破的英格兰足球迥然不同。极具远见的苏德尔认为前者才是足球发展的方向与趋势，所以亲自北上引援。

为了引进人才，苏德尔不惜给球员支付工资。要知道当时足球还没职业化，球员踢球是没钱可拿的。不仅如此，球队付钱请球员踢球还被认为是违规行为，普雷斯顿队就因此两次被英足总排除在足总杯之外。但苏德尔据理力争，加上足球职业化已是大势所趋、人心所向，所以在 1886 年，英足总终于同意球队聘用职业球员，这也是英甲在两年后诞生的主要条件之一。

苏格兰之行，苏德尔收获颇丰，请来了大批球员。普雷斯顿队的阵容里，苏格兰人占大多数，英格兰球员反倒只有四名：弗雷德·德赫斯特、鲍勃·霍尔姆斯、鲍勃·霍沃斯、约翰·古达尔。前两位是苏德尔从普雷斯顿当地的其他球队引进的，鲍勃·霍尔姆斯在成为球员之前是个铁路工人，约翰·古达尔则是从伦敦远道而来。

其他球员几乎都是苏格兰人，他们成为这支普雷斯顿队的骨干。最重要的也许就是乔治·杜蒙德了，他被认为是足球历史上第一位"全能球员"，能胜任场上任何位置，甚至包括门将！这对普雷斯顿队来说实在太重要了，因为当时场上的 11 人是"一个萝卜一个坑"，各司其职，没有替补换人的规则，所以一旦有球员受伤，球队就会立刻陷入被动。但有乔治·杜蒙德在就好办了，他能随时领命前去填补伤员所留下的位置空缺。

第一章 王者永生

罗斯兄弟的作用也很重要。弟弟吉米·罗斯是位优秀的射手，为普雷斯顿队出场220次，打入惊人的250球，场均超过1球！哥哥尼克·罗斯司职后卫，是一名"带刀侍卫"，因为前插射门是其强项，他还是历史上第一个将球回传给门将的球员。

不仅在挑选球员上独具慧眼，执教球队方面，苏德尔同样称得上是"旷世奇才"。他非常重视赛前准备，他会把国际象棋的棋子放在桌子上，进行技战术分析和沙盘推演，并在这样的"战术板"上明确指出每名球员的位置、在场上应该发挥的作用。这些在当时的英格兰足坛都是独一无二的创举，对后世的影响更是无比深远。

02

霸业终成

就这样，普雷斯顿队不仅夺得了英格兰顶级足球联赛历史上第一个冠军，还以不败战绩成为历史上第一个联赛、足总杯"双冠王"！

第一章 王者永生

在苏德尔的倾力打造下，普雷斯顿队成为当时英格兰足坛的一支超级强队。但因为那时候英甲还没有诞生，所以要想成为大家都公认的"武林盟主"，那必须得通过"华山论剑"的考验——拿到足总杯冠军才行。

1886—1887赛季的足总杯第一轮，普雷斯顿队就碰上了苏格兰的女王公园队。女王公园队是苏格兰历史上的第一支足球队，注重传球的技术流踢法正是由这支球队创立。在1872年举行的世界上第一场国际足球比赛（苏格兰队对阵英格兰队）中，苏格兰队的所有球员均来自女王公园队。1884年和1885年，女王公园队曾两次杀入足总杯决赛，不过最终都惜败给了布莱克本流浪者队。

普雷斯顿队一上来就遇到极大考验，而且还得前往格拉斯哥的汉普顿公园球场客场作战。但在2万名苏格兰球迷的山呼海啸声中，"百合"竟然取得3比0领先！

主场拥趸显然大受刺激，所以当吉米·罗斯对一名女王公园队球员犯规后，事情变得一发不可收拾：球迷怒不可遏地冲下看台，球场顿时陷入大规模骚乱当中，"肇事者"吉米·罗斯不得不通过一扇窗户逃走，才得以在骚乱中幸免。

从苏格兰"逃出生天"之后，普雷斯顿队愈战愈勇，一路杀到半决赛，对手是西布罗姆维奇队。遗憾的是，"百合"在主场1比3告负，无缘决赛。而输球主要是因为球队3天前刚打完足总杯第六轮。短时间内连续作战，即便是现如今的球队也吃不消，更何况100多年前。所以苏德尔对英足总的安排非常不满，双方发生龃龉，日后他支持建立英甲，也许就与此有关。

1887—1888赛季，也就是英甲创立之前的最后一个赛季，普雷斯顿队逐渐

02 霸业终成

进入巅峰状态。在苏德尔的指挥下,"百合"一边参加友谊赛,一边征战足总杯,取得令人震惊的 42 场连胜,这绝对是一项震古烁今的纪录。尤其是足总杯对阵海德队一战,普雷斯顿队 26 比 0 大胜对手,创下球队历史单场最大比分的纪录。除了门将之外,其余 10 名球员均收获进球,吉米·罗斯更是一人打入 8 球!

在足总杯半决赛击败克鲁亚历山大队之后,普雷斯顿队历史上第一次杀入足总杯决赛,对手还是西布罗姆维奇队。

这是一场期待已久的复仇之战。对于夺冠,"百合"的球员充满信心,赛前还去看了剑桥大学与牛津大学的划船比赛。然而对普雷斯顿队不利的是,决赛的当

第一章 王者永生

值主裁判既不喜欢普雷斯顿队，也不喜欢苏格兰人，而"百合"的 11 人里面有 6 名苏格兰人，对手西布罗姆维奇队全是英格兰本土球员。

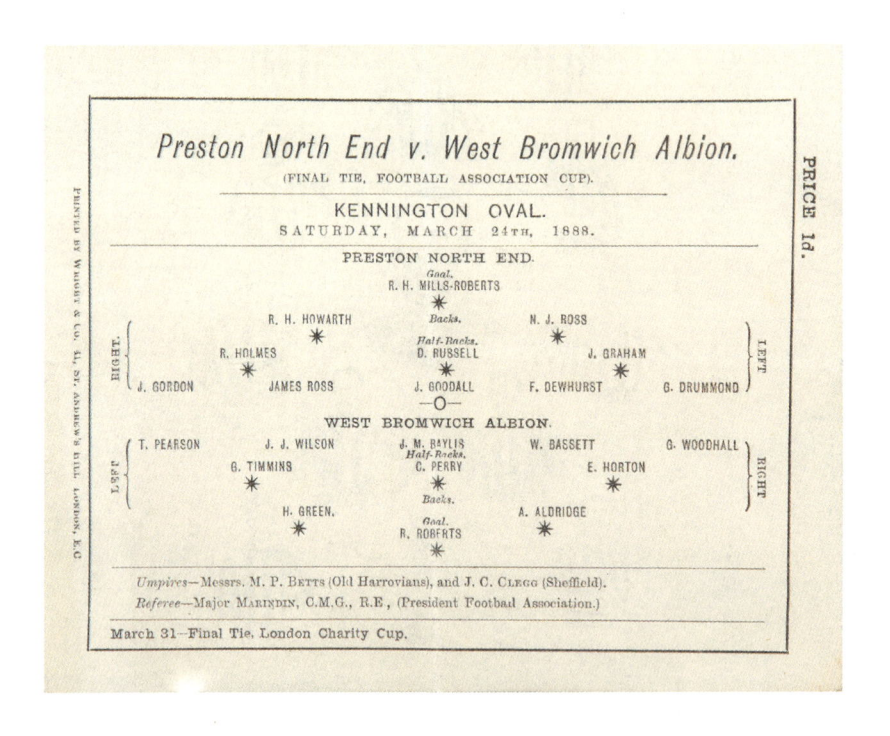

```
Preston North End v. West Bromwich Albion.
(FINAL TIE, FOOTBALL ASSOCIATION CUP.)
KENNINGTON OVAL.
SATURDAY, MARCH 24TH, 1888.
                    PRESTON NORTH END.
                         Goal.
                    R. H. MILLS-ROBERTS.
                         Backs.
        R. H. HOWARTH                N. J. ROSS
                       Half-Backs.
        R. HOLMES      D. RUSSELL      J. GRAHAM
  J. GORDON  JAMES ROSS  J. GOODALL  F. DEWHURST  G. DRUMMOND
                   WEST BROMWICH ALBION.
  T. PEARSON  J. J. WILSON  J. M. BAYLIS  W. BASSETT  G. WOODHALL
                       Half-Backs.
         G. TIMMINS     C. PERRY       E. HORTON
                         Backs.
         H. GREEN                   A. ALDRIDGE
                         Goal.
                       R. ROBERTS.
Umpires—Messrs. M. P. BETTS (Old Harrovians), and J. C. CLEGG (Sheffield).
Referee—Major MARINDIN, C.M.G., R.E., (President Football Association).

March 31—Final Tie, London Charity Cup.
```

果然，当值主裁判在比赛中明显偏袒西布罗姆维奇队。按照当时的规定，被犯规的一方只有在自己主动提出申诉时，裁判才能判对方犯规。每当普雷斯顿队快要进球时，主裁判总会吹哨，判普雷斯顿队球员犯规，虽然对手并未提过任何申诉，但这极大影响了普雷斯顿队的节奏。最终，普雷斯顿队 1 比 2 输掉比赛，与足总杯奖杯擦肩而过。就连西布罗姆维奇队球员自己也觉得胜之不武，队长比利·巴塞特坦言："我们战胜了他们，但我不会假装我们配得上战胜他们。"

1888—1889 赛季随即而来，普雷斯顿队是英甲 12 支创始球队之一，自然也参加了首个赛季的征战。还有一个问题：为何没有苏格兰球队参赛呢？其实最

02 霸业终成

开始,联赛的创立者还是挺希望苏格兰球队加入的,所以并没有打算将它命名为"英甲",但最后受制于交通问题而作罢。要知道以当时的铁路运输条件,从英格兰的伯明翰到苏格兰的格拉斯哥,几乎需要一整天的时间,而为此所要支付的车票费用,金额相当不菲,踢一两场比赛还能勉强应付,若长年累月下来,将使苏格兰球队的财政产生巨大压力,所以只能忍痛割舍。

尽管经历了足总杯决赛失利的痛苦,但普雷斯顿队依然是英甲的夺冠热门球队。不过赛季开始之前,球队缺少了两员大将:队长尼克·罗斯和后卫埃德加·查德维克。不过"百合"并没有因此受到打击,首轮比赛就在迪普戴尔球场5比2大胜伯恩利队,向所有竞争对手宣告:这支球队仍是那支42场连胜的伟大球队!

有人会问了:既然首届英甲开始了,谁是历史上第一个进球的球员呢?答案是:这是一桩"悬案"!

原来,阿斯顿维拉队的比赛在当地时间下午3点30分开始,半个小时后,格雷沙姆·考克斯打入乌龙球,但他并非官方记录的首球制造者。因为普雷斯顿队的比赛在3点50分开始,开场仅2分钟,弗雷德·德赫斯特就完成破门。

不过也有另一种说法:博尔顿队与狼队的比赛是在下午3点45分开始的,2分钟后,肯尼·达文波特打入一球。

究竟哪种说法是真相?由于历史太过久远,尚未发现确凿的官方记载,两种说法各有支持者和判断依据,在此就不作结论了。

1889年4月20日,随着阿克灵顿队与斯托克城队的比赛结束,首个赛季的英甲落下帷幕。全部22轮比赛过后,普雷斯顿队取得18胜4平的不败战绩,积分达到40分,以领先第二名阿斯顿维拉队(12胜5平5负,积29分)11分的优势轻松夺冠!

普雷斯顿队能成功问鼎首届英甲,超强的进攻火力是其最大保证。"百合"22轮狂进74球,约翰·古达尔一人贡献20球,吉米·罗斯也有19球入账。在普

第一章 王者永生

雷斯顿队强大火力的压制下，对手很难有反击的机会，所以球队在整个赛季中只失 15 球，门将特兰内尔经常在比赛中无事可做，那个赛季他表现最糟的一场比赛是代表威尔士队迎战英格兰队，输了一个 1 比 4，进球的还有他在英甲中的队友——约翰·古达尔和弗雷德·德赫斯特。

夺冠后，普雷斯顿队前进的脚步并未停止，"百合"还有一个目标没有完成——赢得足总杯冠军。在当时人们的眼中，初生的英甲远没有足总杯那么重要。有意思的是，普雷斯顿队和西布罗姆维奇队在半决赛再次重逢，这一次普雷斯顿队 1 比 0 力克对手，连续两年进军足总杯决赛。

决赛中，"百合"面对的是狼队。与一年前相同，出场的狼队球员全是英格兰人，普雷斯顿队只有 4 名英格兰球员，但不同的是，裁判不再是此前那一位。凭借弗雷德·德赫斯特、吉米·罗斯和萨姆·汤普森的进球，普雷斯顿队 3 比 0 大胜狼队，历史上第一次获得足总杯冠军，而且在足总杯的 5 场比赛中一球未失。

02 霸业终成

就这样，普雷斯顿队不仅夺得了英格兰顶级足球联赛历史上第一个冠军，还以不败战绩成为历史上第一个联赛、足总杯"双冠王"！顶级联赛赛季不败，这一纪录直到2003—2004赛季才被阿森纳队追赶上，但该赛季阿森纳队未能在足总杯上保持不败，止步半决赛。所以，"百合"是历史上第一支也是唯一真正做到联赛与足总杯赛季不败的球队！

03

王者永生

虽然"百合"的辉煌早已不再,但作为英格兰足球历史上的第一位霸主,普雷斯顿队和其曾经创造的那些无人能够企及的卓越成就,值得所有球迷永远铭记。伟业永垂,王者永生。

03 王者永生

1889—1890赛季，普雷斯顿队以上赛季冠军的身份出战英甲。在休赛期，"百合"的阵容有了不小变动，最重要的莫过于头号射手约翰·古达尔的离开。但鼓舞人心的是尼克·罗斯的回归，如果一年前没有离队，上赛季代表球队举起冠军奖杯的本应是他。对于归来的尼克·罗斯来说，这是一个神奇的赛季，身为后卫的他在这个赛季被改造为前锋，五次上演帽子戏法，打入22球。

最终，普雷斯顿队成功卫冕，实现英甲的两连冠，尼克·罗斯终于亲手捧起奖杯。不过美中不足的是，"百合"的"不败金身"在1889年9月21日被阿斯顿维拉队打破，率先进球的是詹姆斯·科万，他在禁区内打入一记任意球（两年后，点球才被发明出来）。虽然乔治·杜蒙德扳平比分，但对手不断抓住机会又打入4球。最终，普雷斯顿队在这场进球大战中3比5败北，吞下球队历史上的第一场联赛失利苦果。

之后，普雷斯顿队还被德比郡队击败，在迪普戴尔球场输给狼队，这导致其在积分榜上落后领头羊埃弗顿队1分。但11月份的"天王山之战"，普雷斯顿队5比1大胜埃弗顿队，从而一举超越后者，奠定了夺冠的坚实基础。不过在足总杯赛场上，"百合"在迪普戴尔球场被博尔顿队2比3击败，无缘蝉联"双冠王"的旷世伟业。

英甲两连冠之后，普雷斯顿队依然保持强势，1890—1891赛季至1892—1893赛季连续三次获得英甲亚军。然而在1895年，苏德尔为了支付球员薪水，挪用了他所在的棉纱厂的公款，因此被处以三年监禁。出狱之后，他移居南非，

第一章 王者永生

成为一名体育作家和"足球传教士"。1911年8月5日,威廉·苏德尔去世,享年61岁。

苏德尔的离开,以及普雷斯顿队"黄金一代"的逐渐老去,成为"百合"的历史转折点。1901年,普雷斯顿队不幸降级,直到1904年才重返顶级联赛。虽然在1905—1906赛季,"百合"再次夺得英甲亚军,但于1912年再次降级。

普雷斯顿队的另一次短暂复兴发生在20世纪五六十年代,在边锋汤姆·芬尼的带领下,"百合"在1952—1953、1957—1958赛季两夺英甲亚军,1963—1964赛季斩获足总杯亚军,但那也是普雷斯顿队最后的辉煌。

如今,普雷斯顿队混迹于第二级别联赛——英格兰足球冠军联赛(简称"英

03 王者永生

冠"),它最近一次出现在顶级联赛,则要追溯到1960—1961赛季了,也就是说,普雷斯顿队从未参加过英超!虽然"百合"的辉煌早已不再,但作为英格兰足球历史上的第一位霸主,普雷斯顿队和其曾经创造的那些无人能够企及的卓越成就,值得所有球迷永远铭记。伟业永垂,王者永生。

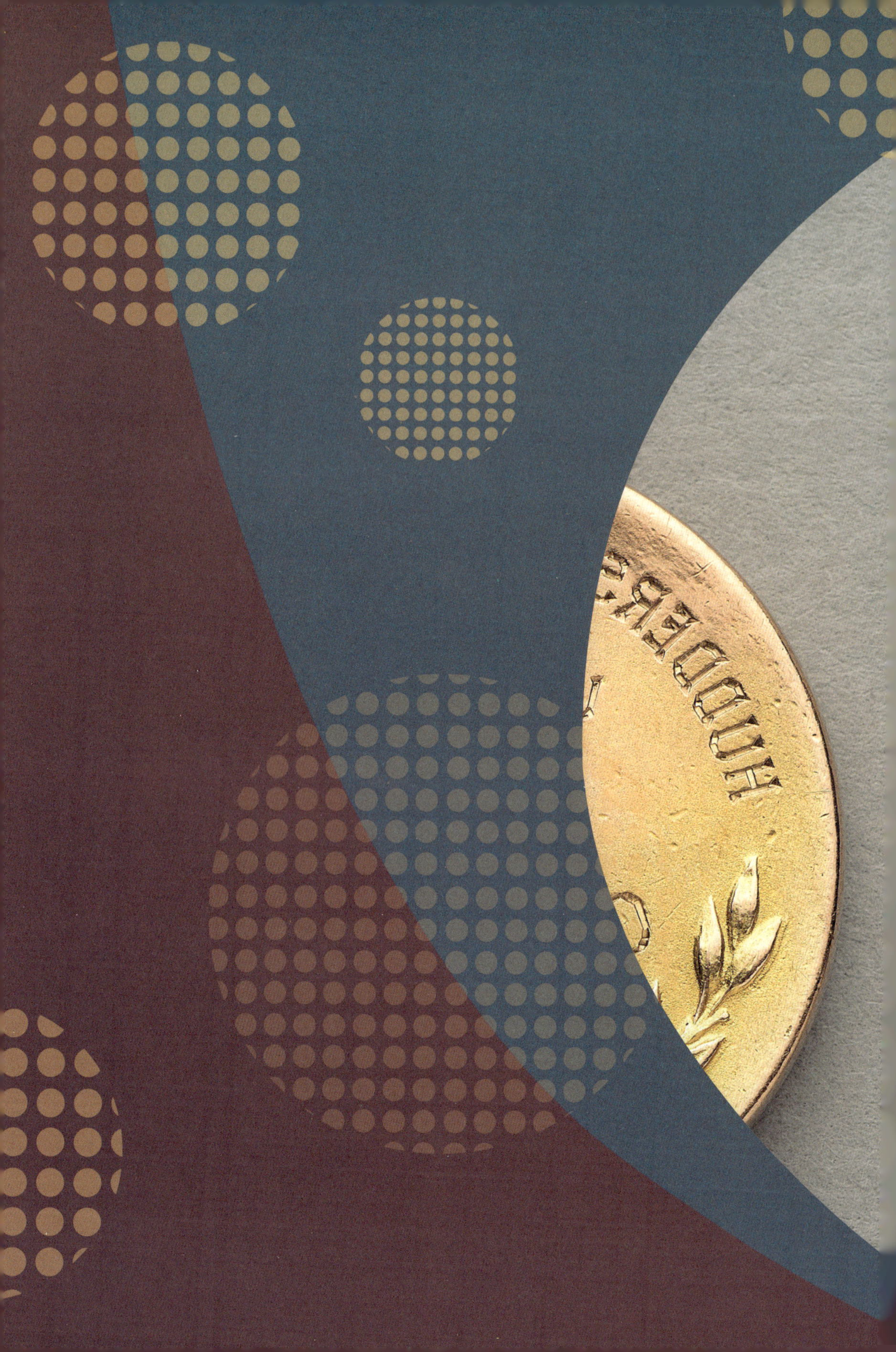

第二章
第一个三连冠

在英格兰顶级足球联赛一百多年的历史上，只有四支球队完成过三连冠的伟业。球迷应该很容易想起其中三支球队的名字，阿森纳队、利物浦队和曼联队，那么第四支呢？其实这"第四"，原本就是第一：1924年至1926年间，哈德斯菲尔德队连续三年夺得英甲冠军，是英格兰顶级足球联赛历史上第一支实现三连冠的球队。而缔造伟业之人的名字，阿森纳队球迷再熟悉不过了，他就是赫伯特·查普曼。

01

前查普曼时代

新老板，新联赛，哈德斯菲尔德队开启新时代，但这个时代并不属于率队升级的朗格利。

01 前查普曼时代

2017—2018赛季，哈德斯菲尔德队自1971—1972赛季以来首次征战英格兰顶级足球联赛，而这支升班马竟然还爆冷击败了穆里尼奥执教的曼联队，送给对手赛季首败。再往前追溯，绰号"爹利犬"的哈德斯菲尔德队曾于1920年至1952年间长期征战英甲，而这支球队的辉煌，便是从20世纪20年代开始的。

哈德斯菲尔德队成立于1908年8月15日，它所在的西约克郡小镇哈德斯菲尔德曾以纺织业闻名，那里的居民最喜爱的运动是英式橄榄球，所以球队诞生之初并未受到特别的关注。更尴尬的是，成立后的"爹利犬"甚至都没有属于自己的球场，一度想使用橄榄球队的场地作为主场，但遭到拒绝。

无奈之下，哈德斯菲尔德队只能找来一块曾被技术学院当作操场的场地用作球场。球场的名字叫作利兹路，那里既没有旋转栅门，也没有更衣室。球员想换衣服怎么办？要么在有轨电车里将就一下，要么找个方便更衣的公共场所。面对此种窘境，球队最先改善的是看起来摇摇欲坠的看台，斥资600英镑重建了可容纳2000名观众的有顶棚看台，这样至少还能吸引球迷来现场观战。

有了场地，还要有比赛可踢。哈德斯菲尔德队先加入北方东部联赛，但那里的球队大多位于英格兰东北部的泰恩塞德地区，往来的交通费用太高，所以从第二年开始，"爹利犬"加入到距离更近的米德兰地区联赛。1910年是哈德斯菲尔德队历史上的关键一年，其与伯明翰队一同被英格兰足球联赛接纳，得以征战当时的第二级别联赛——英格兰足球乙级联赛（简称"英乙"）。

为了让球队配得上新身份，球队主席、毛纺织工厂老板希尔顿·克劳斯邀请

21

第二章 第一个三连冠

著名设计师阿奇博尔德·里奇主导利兹路球场的扩建工程。1911年，一座能容纳34000名观众的新利兹路球场建成，耗资达6000英镑。此外，希尔顿·克劳斯还将球队的球衣改为蓝白色相间的上衣、白色短裤，这一配色一直沿用至今。

征战英乙的头两个赛季，哈德斯菲尔德队成绩糟糕，利兹路球场的上座率也很低，每场不到7000人，球队因此陷入债务危机，被迫于1912年接受破产清算。好在克劳斯家族出手将债务如数还清，解了燃眉之急。也是在这一年，亚瑟·菲尔克劳格成为哈德斯菲尔德队的主帅，他曾率英乙球队巴恩斯利队获得足总杯冠军。

在亚瑟·菲尔克劳格的带领下，哈德斯菲尔德队的成绩有了起色，1912—1913赛季和1914—1915赛季分别获得英乙第五名和第八名。因第一次世界大战爆发，英甲直到一战结束后的1919年才恢复。众所周知，当时有大量的英国年轻人应征入伍，战死在沙场上。但幸运的是，"爹利犬"的22名球员中有17人从戎，均平安归来，然而还是有2名预备队球员在一战中失去生命。

01 前查普曼时代

1919 年 4 月，亚瑟·菲尔克劳格向球队管理层提出希望卸下球队的执教事务，只从事行政工作，身份转为兼职秘书，把主帅的位置让给安布罗斯·朗格利。然而在朗格利接手之际，"爹利犬"再次陷入财政困境，欠债达 25000 英镑。为了还债，克劳斯家族有意将利兹路球场卖掉，把球队迁到埃兰路球场，但遭到球迷反对。球迷一方面展开募捐，另一方面涌入利兹路球场看球，以增加门票收入。

关键时刻，朗格利带领哈德斯菲尔德队在球场上展现出顽强的精神与惊人的实力。经历一战却阵容不损的"爹利犬"在 1919—1920 赛季获得英乙亚军，成功升入英甲。而经过三个月的谈判后，布鲁克·希斯特和他的支持者付给克劳斯家族 17500 英镑还债，从而成为哈德斯菲尔德队的新主人，"爹利犬"终于度过债务危机。

新老板，新联赛，哈德斯菲尔德队开启新时代，但这个时代并不属于率队升级的朗格利。1920—1921 赛季，哈德斯菲尔德队只获得英甲第 17 名，惊险保级成功，球队高层决定为朗格利配备一位助理教练，这位助教的名字，叫作赫伯特·查普曼。

02

查普曼时代

这不仅是"爹利犬"历史上第一个顶级联赛冠军,也是英格兰顶级足球联赛历史上第一次通过比较得失球来决出冠军。

02 查普曼时代

1878年1月19日，赫伯特·查普曼出生于英格兰的一个矿工家庭。父母都是虔诚的基督教徒，所以查普曼从小就去基督教会开办的主日学校，这奠定了他日后为人处世乃至执教的风格。小时候，查普曼就很喜欢足球，当过学校足球队的队长和秘书，之后还在多支业余球队踢过球。

19岁时，查普曼加入英乙球队格林斯比队，但他在球队中的表现算不上惊艳，1899年1月他被交易到斯温登队。这段时间里，查普曼的身份一直是业余球员，直到1901年加盟北安普顿队后才转为职业球员。

效力北安普顿队的第一个赛季，也许是查普曼球员时代的顶峰，他在22场比赛中打入14球，成为队内头号射手。后来，他辗转谢菲尔德联队、诺茨郡队和托特纳姆热刺队（简称"热刺队"），但一直未能闯出一片天地。

1907年，查普曼的老东家北安普顿队在寻找新帅，球队的第一选择是热刺队球员沃尔特·布尔。布尔决定留在热刺队，于是向北安普顿队推荐了自己的队友兼好友查普曼。查普曼与妻子讨论了一整晚，决定把握这次机会。他给北安普顿队写了一封信，表示自己愿意

第二章 第一个三连冠

身兼主帅和球员两职，最终成功得到了这份差事。

身处南部联赛的北安普顿队，已连续两个赛季垫底，而查普曼初试身手，就将球队带到第八名。从执教生涯伊始，他就要求掌握超越同时代其他教练的权力。比如在他的强烈要求下，球队主席帕特·达内尔花了400英镑交易来威尔士球员劳伊德·戴维斯，这竟是该队历史上第一次掏出转会费！后来执教哈德斯菲尔德队时，查普曼也强烈要求球队引进阿斯顿维拉队的克莱姆·斯蒂芬森，他的理由是："我们拥有很多充满天赋的年轻球员，但他们需要一个长官来领导，克莱姆·斯蒂芬森就是那种人。我们必须得到他！"

查普曼还展现出他精明狡黠的一面。考文垂队球星阿尔伯特·刘易斯是众多球队想要的红人，为了能成功"截和"，查普曼将刘易斯请到办公室，然后把门一锁，直接扔给刘易斯一句："你要是不签约，就别想从这儿走出去！"刘易斯签约了，在之后的两个赛季里，他为北安普顿队打入56球。

执教哈德斯菲尔德队后，查普曼也采取过类似手段。他相中了奥德汉姆队的门将特德·泰勒，但怕奥德汉姆队不放人，所以先公开求购该队的另一名门将。如他所料，奥德汉姆队拒绝放人，于是查普曼假装无奈地表示："好吧，既然如此我也不勉强，那么给个面子，把你们的另一个门将特德·泰勒交易给我如何？"此时谈判已进行了数个小时，奥德汉姆队最终决定给查普曼这个面子，于是泰勒顺利转会"爹利犬"。

在北安普顿队，查普曼待了5年，率队首次夺得南部联赛冠军。1912年5月，英乙球队利兹城队聘请他担任主帅，查普曼应邀前往。与北安普顿队当年一样，利兹城队处于英乙末流，但查普曼通过精明的引援和出色的执教，入主首赛季就将球队带到第六名，次赛季升至第四名，距离升入英甲只差2分。

然而，一战打断了利兹城队前进的脚步。好不容易等到战争结束，球队却陷入更大危机：英足总和联赛方面要求检查球队的账目，但遭到利兹城队的拒绝。

02 查普曼时代

于是，利兹城队被驱逐出联赛系统，球队高层也遭禁赛，包括查普曼本人。失业后，查普曼在一家炼油厂工作，1920年圣诞节工厂关门，他再次面临失业的命运。

此时，哈德斯菲尔德队向他抛出橄榄枝，邀请他担任朗格利的助教。有意思的是，他的周薪是10英镑，比朗格利还多挣1英镑。不过这并未引起朗格利的不满，因为20年前他曾与查普曼的兄弟在谢菲尔德星期三队一起踢球，两人早就相识。1920—1921赛季，哈德斯菲尔德队的战绩一路走低，朗格利主动提出辞职，查普曼立刻被任命为主教练。

1921—1922赛季，是查普曼执教哈德斯菲尔德队的第一个完整赛季，他将利兹城队的老搭档杰克·查普林招入麾下当助手，同时聘请杰克·福斯特为预备队教练和球探。从执教北安普顿队开始，查普曼就非常重视网罗、培养年轻球员，

第二章 第一个三连冠

哈德斯菲尔德队在引进斯蒂芬森时已花费良多,他更要从预备队挖掘青年才俊,比如中锋乔治·布朗,1921 年圣诞节,18 岁的他首次登场就梅开二度,后来成为"爹利犬"的历史最佳射手。

该赛季,哈德斯菲尔德队只排名英甲第 14,却在足总杯的赛场上先后淘汰伯恩利队、布莱顿队、布莱克本流浪者队、米尔沃尔队和诺茨郡队,与普雷斯顿队会师决赛。决赛开始前,查普曼将球员带到布莱克浦待了两周。这是查普曼的伟大之处,他总能用不同方式来调节球员的状态与情绪。如果之前一周没比赛,他会给球员安排各式各样的休闲活动。

当然,这样做的前提是球员已对查普曼的战术了如指掌。他的战术思想很明确:以防守为主,伺机反击,通过快速短传将球交给边锋。边锋的任务仍是传中,但不能传高球,而是送出低平球,以便中锋和内锋抢点破门。从成年队到预备队,查普曼统一使用这套战术,以保证一旦需要从预备队提拔新人时,年轻球员能迅速融入成年队的战术体系。

02 查普曼时代

回到足总杯决赛。凭借比利·史密斯的点球，哈德斯菲尔德队 1 比 0 力克普雷斯顿队夺冠。这是"爹利犬"历史上夺得的第一座重要赛事奖杯。凭借这个冠军头衔，查普曼足以载入哈德斯菲尔德队的史册，但他并未就此止步。

为了增强实力，查普曼在 1922 年签下中锋查理·威尔逊。查普曼对查理·威尔逊的进球能力很有信心，甚至和人打赌他一定会进很多球。果然，在哈德斯菲尔德队效力的 4 个赛季里，查理·威尔逊在出场的 107 场比赛中打入 62 球！有了强援加盟，"爹利犬"虽在 1922—1923 赛季开局不利，但展现出惊人的后程爆发力，最后 10 轮联赛只输 1 场，最终获得季军。

尽管英甲第三已是当时球队的历史最佳排名，但查普曼的雄心是拿下冠军。1923 年夏天，查普曼先后引进大器晚成的左内锋乔治·库克、苏格兰右前卫大卫·斯蒂尔。阵容调整完毕，1923—1924 赛季的英甲也拉开战幕。

与上赛季一样，哈德斯菲尔德队起步并不出色，前 7 轮只取得 3 场胜利。但从 9 月底开始，"爹利犬"的"吠声"越来越响亮，直到 11 月 10 日，哈德斯菲尔德队在主场 3 比 1 击败已经两连冠的利物浦队，让人真正见识到了这支球队的实力。

1923 年的最后几个月，哈德斯菲尔德队表现起伏，最长的连胜纪录只是圣诞节前的三连胜，不过主场 6 比 1 大胜阿森纳队一战，极大地鼓舞了球队士气。1924 年 1 月下旬，哈德斯菲尔德队 1 比 0 力克切尔西队，终于找到争冠的感觉。此后的 8 轮联赛，"爹利犬"取得 6 胜 2 平，查普曼的防守反击策略屡屡奏效，6 场胜利里有 4 场是 1 比 0 小胜。

不过从 4 月与曼城队一战开始，哈德斯菲尔德队陷入平局怪圈，6 场比赛收获 5 场平局，只进 5 球。倒数第二轮，哈德斯菲尔德队甚至在客场被阿斯顿维拉队 1 比 3 击败！所幸，"爹利犬"在与争冠对手卡迪夫城队的两场较量中取得 1 胜 1 平，在积分榜上紧咬对手。

第二章 第一个三连冠

最后一轮开始前，哈德斯菲尔德队落后卡迪夫城队1分。率先开赛的"爹利犬"主场3比0战胜诺丁汉森林队，但如果卡迪夫城队击败伯明翰队的话，那么冠军仍将属于卡迪夫城队，英格兰顶级足球联赛的冠军也将第一次落入威尔士球队的手中。不过，那场比赛最终战成0比0，这就意味着卡迪夫城队与哈德斯菲尔德队同积57分。

按照规则，同分情况下比较得失球，也就是进球数除以失球数。哈德斯菲尔德队进60球，失33球，得失球为1.818；卡迪夫城队进61球，失34球，得失球为1.794。凭借极小的优势，哈德斯菲尔德队惊险地夺得冠军。这不仅是"爹利犬"历史上第一个顶级联赛冠军，也是英格兰顶级足球联赛历史上第一次通过比较得失球来决出冠军。

如果哈德斯菲尔德队最后一轮2比0取胜，那么卡迪夫城队的得失球将更高，夺冠的将是威尔士球队，查普曼和他的球队将成为失败者。心理受挫的"爹利犬"接下来是否会继续争冠，将画上一个大大的问号，而查普曼恐怕也不会受到阿森纳队的关注，从而在北伦敦书写下更传奇的伟业。一次冠军，改变了整个英格兰足球的历史。

夺冠之后就是卫冕。查普曼对现有球员的实力非常有信心，所以在1924年夏天只引进了一名新人：身高只有1.63米的右边锋乔伊·威廉姆斯。1924—1925赛季开始后，哈德斯菲尔德队一上来就豪取四连胜，但随后突然陷入低谷，从9月13日到11月8日，竟然只赢了1场比赛！

这期间有两件事值得一提。一件是喜事：在10月11日哈德斯菲尔德队与阿森纳队的比赛中，比利·史密斯主罚的角球直接从近门柱入网，因为角球直接破门在1924年才被允许，所以他成为历史上第一位通过角球直接得分的球员。另一件是悲事：10月18日哈德斯菲尔德队与曼城队一战，特德·泰勒严重受伤，将长期缺阵。不得已，查普曼从赫尔城队交易来了36岁的门将比利·默瑟。

02 查普曼时代

转折发生于 11 月下旬，哈德斯菲尔德队主场 0 比 0 战平诺茨郡队，随后开启不败之旅。算上这场比赛，"爹利犬"连续 9 轮保持不败。1925 年 1 月输给西汉姆联队，竟是"爹利犬"本赛季最后一次失利，紧接着又是一波 17 轮不败，直到最后一轮 1 比 1 战平利物浦队。2 月 7 日，乔治·布朗上演帽子戏法，哈德斯菲尔德队 4 比 1 大胜阿斯顿维拉队登顶积分榜。一周后，"爹利犬"又在客场 5 比 0 横扫阿森纳队，这次上演帽子戏法的是查理·威尔逊。

最终，哈德斯菲尔德队提前一轮实现英甲两连冠。喜上加喜的是，球队的预备队也在同一天捧起中部联赛的奖杯，查普曼极为重视的青训结出硕果。不过，"爹利犬"球迷的兴奋之情没有持续太久，因为仅仅三个月后，为哈德斯菲尔德队带来两连冠的查普曼离开球队，成为阿森纳队的新任主帅。

03

后查普曼时代

哈德斯菲尔德队的辉煌也止于此,斯蒂芬森在 1942 年离开,意味着"黄金一代"的彻底告别。

03 后查普曼时代

本来，查普曼没有离开的迹象，夺冠后他立刻着手补强阵容，并从阿伯丁队引进右边锋阿历克斯·杰克逊。与此同时，阿森纳队刚刚解雇了主帅莱斯利·奈顿，主席亨利·诺里斯爵士正寻找新帅，球队在报纸上刊登了一则广告来公开招聘，要求如下："他必须富有经验，而且从能力到品德，均具备担任这一职位所需要的顶级素养。这位绅士必须有不依靠过高转会费就能建立起一支优秀球队的独特能力。"这说的不正是查普曼吗？

1925年6月10日，查普曼正式从哈德斯菲尔德队卸任，他的继任者是36岁的塞西尔·波特，后者爱戴眼镜，彬彬有礼的样子更像一位老师。前一个赛季，塞西尔·波特未能率领英乙球队德比郡队升入英甲，不得不离开球队。他本想就此告别足坛，回老家萨塞克斯开乳品店，但哈德斯菲尔德队的邀约到了，对于英甲冠军的邀请，他怎么会拒绝？

不过塞西尔·波特和他的所有同行都面临一个新难题——越位规则的改变。1866年制定的原规则规定：无球的进攻球员与对方球门线之间少于三名对方球员，即为越位，这就意味着"235"阵形的两名后卫可以上提到中线来造越位，前锋反越位成功的难度很大。这就造成两个结果：一，遏制进攻；二，越位遍地，比赛经常被哨声打断。比如在一场英甲比赛里，一名裁判竟吹罚了57次越位！

1925年的新规则，将"少于三名对方球员"改为"少于两名对方球员"，也就是说进攻球员在一定程度上被解放，获得更大的自由。这样一来，越位少了，比赛更流畅了，进球也就更多了。举个例子：1925—1926赛季，英格兰各级别

第二章 第一个三连冠

足球联赛首轮44场比赛打入160球，而上赛季首轮总进球才91球！当然，对于防守球员来说，规则改变就不那么美妙了，哈德斯菲尔德队的主力后卫萨姆·瓦兹沃斯坦言："后卫需要尽快去适应新规则。"

1925—1926赛季，哈德斯菲尔德队的开局非常顺利，前10轮不败。不过在10月24日，"爹利犬"主场0比1不敌纽卡斯尔联队，此后又被曼联队逼平，客场0比3完败于阿斯顿维拉队，排名下滑至第七。

1925年12月5日，哈德斯菲尔德队在主场迎战查普曼率领的阿森纳队。客队两度领先，但查普曼离开"爹利犬"前引进的杰克逊为主队攻入1球，布朗再进1球扳平比分，比分锁定为2比2，双方皆大欢喜。不过在积分榜上，阿森纳队仍然领跑，"爹利犬"在后面紧追不舍。

两队的命运拐点出现在1926年1月至2月：阿森纳队遭遇三连败，哈德斯菲尔德队则连胜卡迪夫城队和曼城队，本赛季第一次登顶积分榜，而且少赛两场。随后，"爹利犬"取得主场七连胜，期间只在客场输给过莱斯特城队。倒数第三轮，哈德斯菲尔德队3比0大胜博尔顿队，将主场连胜扩大到八场的同时，提前一轮锁定英甲三连冠。值得一提的是，"爹利犬"的预备队也实现中部联赛两连冠。

在英甲历史上，普雷斯顿队、桑德兰队、阿斯顿维拉队、谢菲尔德星期三队、利物浦队都曾获得两连冠，但没有球队获得三连冠，哈德斯菲尔德队成为历史上第一支英甲三连冠的球队。于是人们开始猜测："爹利犬"能否完成更神奇的四连冠？然而新赛季开始前四天，一个重磅消息被媒体披露出来：塞西尔·波特辞职了！随后，哈德斯菲尔德队给出官方消息：因他与家人身体不适而辞职。

但真相恐怕并非如此。有一种说法是，上赛季结束前，波特私下与威尔士球队兰迪德诺队签订合约：他将于1926年9月第一周或第二周带领"爹利犬"前去比赛。这一举动惹恼了球队高层，因此被解雇。由于双方合同还有一年，哈德斯菲尔德队赔偿他400英镑。不过在9月1日，"爹利犬"还是与兰迪德诺队进行了一

03 后查普曼时代

场友谊赛，算是给波特留了面子。

哈德斯菲尔德队的下一任主帅是查普曼的老搭档杰克·查普林。1926—1927赛季、1927—1928赛季，他率领"爹利犬"两次获得英甲亚军，1927—1928赛季获得足总杯亚军，与"双冠王"擦肩而过。但1928—1929赛季，他仅率队获得英甲第16名，随后便下课。查普林的继任者则是球队的功勋球员斯蒂芬森，他从1929年5月开始执教"爹利犬"，两夺足总杯亚军，1929—1930赛季那次正是败给了恩师查普曼的阿森纳队。

哈德斯菲尔德队的辉煌也止于此，斯蒂芬森在1942年离开，意味着"黄金一代"彻底告别。从此，"爹利犬"开始走下坡路，1952年第一次从英甲降级，此后几经起伏。2017年，哈德斯菲尔德队终于首次杀入英超，重返顶级联赛，人们也终于有机会回首"爹利犬"曾经缔造的不世伟业。

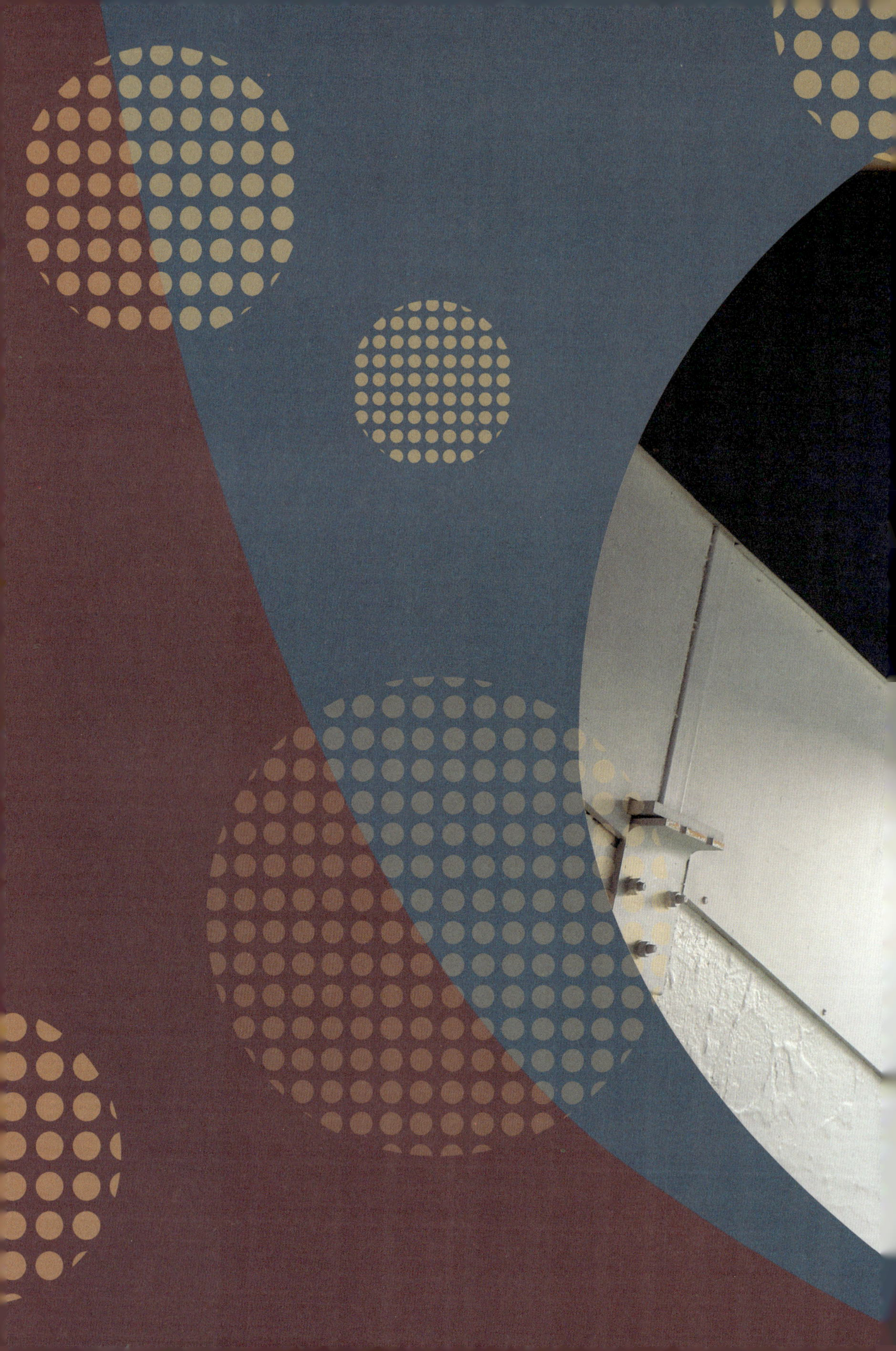

第二章
军港之业

提起朴次茅斯这座城市，你会想起什么？军事迷对它再熟悉不过了。朴次茅斯军港位于英格兰东南部的汉普郡，是英国三大海军基地之一，也是英国皇家海军最古老的海军基地，它东扼多佛尔海峡，西控英吉利海峡出口，东北方是英国政治与经济中心——伦敦，素有"帝都南大门"之称。那么，提起朴次茅斯队呢？

01

冠军前传

1944年3月,英国名将伯纳德·劳·蒙哥马利成为朴次茅斯队的荣誉主席,这是"庞贝"历史上的光辉一笔。

01 冠军前传

朴次茅斯队成立于1898年4月5日,绰号"庞贝"。说起朴次茅斯队的建立,还有一段趣闻。1885年,汉普郡的另一座城市南安普顿成立了一支足球队,就是我们现在所熟悉的"圣徒"——南安普顿队,并获准进入南部联赛。朴次茅斯人深受刺激,于是几名当地的商人和运动员联合在一起,买下古尔德史密斯大街旁的一块农田,建立了朴次茅斯队,当地一家酿酒厂的老板约翰·布里克伍德成为球队主席。

当时,朴次茅斯市还有一支业余球队,叫"皇家炮兵队",但崛起的朴次茅斯队很快取代了它的位置,并于1899年进入南部联赛。1920年,"庞贝"被吸纳进第三级别联赛。1923—1924赛季,凭借中锋威利·海恩斯的单赛季28球,朴次茅斯队勇夺第三级别联赛冠军,晋级英乙。三年后,海恩斯再发神威,42场比赛狂进40球,几乎以一己之力帮助球队夺得英乙亚军,朴次茅斯队历史上第一次闯入英中。

进入顶级联赛后,朴次茅斯队做的第一件事情就是换帅。1927年5月,杰克·廷恩被任命为"庞贝"的主教练。在他的带领下,朴次茅斯队的第一个黄金时期来临了。

1928—1929赛季,"庞贝"首次闯入足总杯决赛,可惜决赛中左后卫汤米·贝尔受伤,导致朴次茅斯队0比2不敌博尔顿队,痛失冠军奖杯。1933—1934赛季,"庞贝"再次进军足总杯决赛,然而伤病魔咒也再次袭来,队长杰米·阿伦因伤离场,"庞贝"最终遗憾地以1比2负于曼城队,再次与冠军擦肩而过。

五年后,朴次茅斯队在廷恩的带领下第三次登上足总杯决赛的舞台,这场比

第三章 军港之业

赛有着特殊的意义：它是第一场双方球员身穿印有 1 到 11 号球衣的职业比赛。这一次，"庞贝"面对的是上个赛季英甲亚军——狼队，不过内锋贝特·巴尔罗、中锋约翰·安德森先后破门，右边锋克里夫·帕克梅开二度，朴次茅斯队取得 4 比 1 大胜，球队历史上首次夺得足总杯冠军！

不过，足总杯赛场上的辉煌难掩"庞贝"在联赛的低迷。1938—1939 赛季，朴次茅斯队仅排名英甲第 17，之前一个赛季是第 19，勉强保级。事实上，自从"庞贝"进入英甲以来，最高排名是第 4，其余基本在中游甚至降级区附近徘徊。1939—1940 赛季，朴次茅斯队再次开局不利，前三战 1 胜 2 负，但当时第二次世界大战全面爆发，各级联赛被迫停摆，这一停就停了 7 年。

值得一提的是，虽然朴次茅斯是英国南部的重要军事港口，处于战线前沿，

01 冠军前传

但英足总依然决定将足总杯奖杯留给"庞贝"保存，这一存就存到了1945年，所以朴次茅斯队也是拥有足总杯奖杯时间最长的球队。不过，奖杯并不总放在"庞贝"的主场弗拉顿公园球场，德军的轰炸机来袭时，它曾被放进银行，也曾被放到廷恩的家中，甚至还被放到过酒吧的地窖里！颠沛流离之下，奖杯上出现压痕，但经银匠的巧手得以修复，朴次茅斯队为此支付了120英镑。

与绝大多数球队一样，朴次茅斯队参加了战时联赛，但很多"庞贝"球员应征入伍：古伊·沃顿和弗雷迪·沃拉尔在战争年代还能偶尔为朴次茅斯队效力，但爱尔兰球员吉米·麦克阿林顿直到1946年才重返"庞贝"。预备队门将恩尼·巴特勒跟随海军在海上待了3年，1942年才回归，后来成为朴次茅斯队缔造辉煌的主力门将。

在这里不得不提中前卫汤米·罗维的事迹，他加入英国皇家空军，曾被授予勋章。1944年，罗维遭击落被俘，战后重回祖国。虽然再未为朴次茅斯队效力，但他的名字还是成为球队历史上的一个传奇。

1944年3月，英国名将伯纳德·劳·蒙哥马利成为朴次茅斯队的荣誉主席，这是"庞贝"历史上的光辉一笔。由于球队所在的地理位置极具军事属性，当时的朴次茅斯队也成为皇家海军军官和士兵的"主队"，主场上座率从来不用发愁。

02

"庞贝"首冠

在无缘足总杯冠军后,朴次茅斯队全身心投入到英甲冠军的争夺中。

02 "庞贝"首冠

1945 年，二战终于结束。虽然战时朴次茅斯队没有职业联赛可踢，而且不少球员入伍参军，但善于挖掘球员的廷恩利用他的球探网络，引进了不少天赋出众的年轻球员，比如 19 岁的右后卫菲尔·卢克斯。

除此之外，还有吉米·迪金森，他是朴次茅斯预备队前球员埃迪·利弗发现的。利弗退役后当起数学老师，在校队里发现了极具天赋的迪金森，并将其推荐给廷恩。廷恩一开始对迪金森并不感兴趣，但狼队也盯上了迪金森。作为"庞贝"前球员，利弗直接拒绝了狼队，并将事情告知廷恩，廷恩得知自己差点错失人才，赶紧将迪金森签下。

除了左前卫迪金森之外，廷恩还在战时签入朴次茅斯当地的 18 岁右边锋皮特·哈里斯。哈里斯后来成为朴次茅斯队历史上最伟大的边锋，效力 14 年打入 211 球，曾经 7 个赛季当选队内最佳射手。哈里斯非常无私，只要队友的位置更好，一定会送出准确的传球，可惜他与斯坦利·马休斯和汤姆·芬尼同处一个时代，哈里斯的光芒在很大程度上被掩盖，只入选过英格兰队两次。

与哈里斯同时加盟的还有边前卫吉米·斯科拉尔。斯科拉尔、迪金森再加上 1937 年就入队的中前卫雷格·弗雷文，组成朴次茅斯队日后夺冠的中场铁三角。而在二战结束后，边锋杰克·弗洛加特、内锋达吉·雷德、边锋莱恩·菲利普斯、左后卫哈里·费里尔也先后到来，他们都是"庞贝"日后夺冠的主力功臣。

1946—1947 赛季，是二战结束、联赛恢复后的首个赛季，朴次茅斯队仅排英甲第 12 名。雪上加霜的是，在执教"庞贝"20 年后，廷恩于 1947 年 5 月宣

第三章 军港之业

布退休。虽然没能率队夺得冠军，但廷恩仍是球队历史上第一位伟大的主帅。虽然他不是战术大师——日常训练都是助手斯特瓦特来带，但廷恩是一位和蔼可亲的主帅，极擅运动心理学，曾邀请喜剧演员在赛前来到球员更衣室表演，为球员放松心情。他与球员的关系极好，举个例子：1927年刚上任时，廷恩曾召集所有球员和他们的家人一起坐车旅行，但自己错过了大巴，结果只能靠骑马和坐四轮马车才与大部队会合！虽然奔波劳碌，但他一举赢得"庞贝"球员的心。

接替杰克·廷恩的是鲍勃·杰克逊，他本是球队的首席球探。与喜欢和球员打交道的廷恩不同，杰克逊与管理层走得更近，基本只负责交易球员，训练工作依旧由斯特瓦特负责。杰克逊参与比赛的唯一方式，就是在赛前走到更衣室的门口将头探进去，对他的球员说一声"好运"。不过杰克逊运气很好，因为廷恩为他留下了一支日渐成熟的球队。

1947—1948赛季，是朴次茅斯队崛起前的最后蛰伏期，"庞贝"仅排名英甲第8，42轮联赛只进了67球。杰克逊在赛季中期就意识到球队需要一名好用的中锋，于是从西布罗姆维奇队交易来33岁的艾克·克拉克。虽然年过三旬，但克拉克威风不减，更重要的是，他不仅能像传统中锋那样破门得分，踢球时还喜欢动脑筋，经常利用聪明的跑位拉扯出空当，为哈里斯和弗洛加特制造破门机会。

1948—1949赛季，阵容齐整、配合默契的朴次茅斯队开局极佳，前13轮保持不败，取得9胜4平的战绩。第一场失利直到10月下旬才到来，输给的恰恰是"庞贝"的争冠对手——狼队。从那之后，朴次茅斯队暴露出面对中游球队难以拿下比赛的问题：先后输给第12名利物浦队、战平第16名布莱克浦队。

值得一提的是，朴次茅斯队与布莱克浦队的比赛中，牙买加球员林迪·德拉彭哈首发登场，他是朴次茅斯队历史上的第一位黑人球员。按照当时的规定，外国球员至少要在英国住满两年，才能获得代表英格兰球队参赛的资格，不过这只适用于职业球员。

02 "庞贝"首冠

在0比1不敌德比郡队后,"庞贝"用4比1大胜阿森纳队止住颓势。此后的15轮联赛里,朴次茅斯队只输了两场,继续追逐联赛冠军。不过遗憾的是,"庞贝"在足总杯半决赛中1比3不敌莱斯特城队,"双冠王"的美梦提前破灭。

在无缘足总杯冠军后,朴次茅斯队全身心投入到英甲冠军的争夺中。1949年4月6日,"庞贝"在争冠关键战役中5比0大胜纽卡斯尔联队,弗洛加特上演帽子戏法,哈里斯梅开二度,而且5球都是头球!

此后,朴次茅斯队主场3比1战胜伯明翰队,5比0大胜狼队。虽然客场0比3爆冷输给伯明翰队推迟了其夺冠的步伐,但客场挑战博尔顿队时,克拉克和哈里斯的进球帮助"庞贝"早早取得2比0的领先,最终2比1取胜。与此同时,纽卡斯尔联队与利物浦队战平,这样一来,"庞贝"就提前两轮夺得球队历史上的第一个顶级联赛冠军!

第三章 军港之业

除了获得冠军之外，朴次茅斯队还创下主场不败的纪录。值得一提的是，按照当时的规定，联赛官方只提供 13 枚奖牌，其中两枚分别给了杰克逊和斯特瓦特。另外 11 枚给了球队的常规主力：门将欧内斯特·巴特勒，后卫卢克斯、费里尔，中场迪金森、弗雷文、吉米·斯科拉尔，前锋哈里斯、巴尔罗、雷德、弗洛加特、菲利普斯。

03

军港大业

朴次茅斯队成功蝉联英甲冠军,成为继 1934—1935 赛季的阿森纳队之后,又一支实现顶级联赛两连冠的球队!

第三章 军港之业

朴次茅斯队首次夺得英甲冠军之后，蒙哥马利向"庞贝"致贺，并发出豪言壮语："哈德斯菲尔德队连续三次夺得英甲冠军，这支球队今天应该在这里看到我们夺得第一个冠军，我们也将连续三次赢得英甲冠军！"那么朴次茅斯队能实现这一伟业吗？首先，"庞贝"得成功卫冕下赛季的英甲。

1949年夏天，朴次茅斯队前往北欧进行巡回赛。"庞贝"首先来到丹麦，2比2战平丹麦队，3比1击败哥本哈根队。接着又前往瑞典，瑞典媒体对自己国家队的实力颇为自信，扬言要"痛扁"新科英甲冠军，因为瑞典队近10年来还从未在主场输给过外国对手。但朴次茅斯队4比2轻取对手，让瑞典人输得心服口服，"庞贝"的名声也远播至欧洲大陆。

1949—1950赛季拉开大幕，朴次茅斯队基本沿用了夺冠阵容，只是由于卢克斯脚踝受伤需要长期休养，杰克逊引进了后卫吉米·斯蒂芬。关于斯蒂芬的加盟，还有一件趣事，当时他正在英国皇家空军服役，杰克逊看了他代表皇家空军足球队的一场比赛后找到斯蒂芬，亲口表示会将他签下。双方约定好周五下午5点在军营的大门外相见，但斯蒂芬所在部队的驻地有两个大门，两人分别去了不同的大门。当斯蒂芬以为朴次茅斯队方面失约时，一个纸条从另一个大门那儿传了过来，斯蒂芬赶紧过去，双方成功签约。

不过，"庞贝"的开局并不好，前14轮只赢了6场，一度排名在积分榜下半区。这与杰克逊不喜欢调整阵容有关，朴次茅斯队前16轮一共使用了12名球员，其中14场比赛用了相同的11人，而且像迪金森这样的球员还有国家队的比赛要参

03 军港大业

加,所以球员的体能和状态出现起伏也是很正常的事情。

值得一提的是,10月19日,朴次茅斯队在慈善盾杯与上赛季足总杯冠军、当时的联赛领头羊狼队进行较量。雷德为"庞贝"先拔头筹,但狼队依靠点球扳平比分。最终两队1比1战平,共享了这届足总杯冠军。

夺冠后,朴次茅斯队逐渐恢复元气,凭借弗洛加特的梅开二度,客场4比1大胜切尔西队。不久之后,排名第七的"庞贝"又在客场2比2战平领头羊利物浦队,与后者的积分差距缩小到8分。一周后,朴次茅斯队在主场2比1战胜阿森纳队,又是弗洛加特打入关键一球。紧接着,"庞贝"凭借克拉克的进球在主场1比0战胜纽卡斯尔联队,重新走上卫冕之旅的正轨。

1950年3月下旬,朴次茅斯队4比0击败切尔西队,雷德上演帽子戏法,与当时领头羊曼联队的差距只剩4分,争冠日趋白热化。"庞贝"主场3比0大胜富勒姆队之后,收到好消息:曼联队战平、利物浦队赢球,后者成为新的领头羊,而朴次茅斯队与利物浦队的差距只剩2分!

最后的冲刺阶段,朴次茅斯队将上赛季冠军的风范显露无遗,客场2比0战胜曼联队,主场2比1力克利物浦队,直接将两个争冠对手斩于马下,以2分优势领先狼队,登顶积分榜榜首!

然而关键时刻突生变故,英足总宣布斯科拉尔因3月与德比郡队比赛中的不理智行为被禁赛14天,禁赛期从5月1日开始。这就意味着斯科拉尔将正好错过联赛的最后两轮!这张迟到1个多月的罚单来得太巧,所以朴次茅斯队全员和球迷都认为英足总是在故意作祟,不想让自己夺冠。受此影响,倒数第二轮"庞贝"客场0比2负于阿森纳队,而狼队4比2击败博尔顿队,双方积分相同。

不过朴次茅斯队的优势在于只要最后一轮比赛取胜,就将稳稳蝉联英甲冠军。因为就算狼队末轮也获胜,但"庞贝"的得失球优势巨大,照样可以凭此夺冠。结果在1950年5月6日,朴次茅斯队在弗拉顿公园球场5比1大胜阿斯顿维拉队!

第三章 军港之业

虽然狼队取得 6 比 1 大胜，两队积分相同，但"庞贝"进 74 球失 38 球，得失球为 1.947；狼队进 76 球失 49 球，得失球为 1.551。朴次茅斯队成功蝉联英甲冠军，成为继 1934—1935 赛季的阿森纳队之后，又一支实现顶级联赛两连冠的球队！

两连冠到手，"庞贝"会如蒙哥马利所言，豪取三连冠吗？答案是没有。1950年 5 月，英足总因朴次茅斯队主席维侬·斯托克斯和主管哈里·维恩在麦克阿林顿转会案中私下里给球员 750 英镑，禁止两人从事足球事业。朴次茅斯队球迷表示强烈抗议，25000 名球迷集体签名向英足总示威。1951 年 2 月，英足总终于松口，撤销禁令，但受此影响，"庞贝"已从 1950—1951 赛季的争冠队伍中掉队，最终只排名第七。

1951—1952 赛季，朴次茅斯队找到些许状态，凭借雷德屡屡救主位列英甲第四名。赛季结束后，鲍勃·杰克逊离队前往赫尔城队执教，曾向他推荐迪金森的利弗成为朴次茅斯队新帅。利弗一直执教到 1958 年，但随着夺冠功臣的相继

离队和老去，朴次茅斯队已不复当年之勇，最终于1958—1959赛季结束后降入英乙，这是"庞贝"自1927年以来第一次离开顶级联赛。

从此，朴次茅斯队一直走下坡路，最惨的是在1977—1978赛季结束后，降入第四级别联赛！1987—1988赛季，"庞贝"曾在英甲短暂待了一年，但仅获第19名而迅速降级。2003—2004赛季，朴次茅斯队首次参加英超，在这里征战7个赛季，最高排名第8位，曾于2007—2008赛季夺得球队历史上的第二个足总杯冠军，2009—2010赛季获得足总杯亚军，但也就是在那一赛季，"庞贝"以英超第20名的身份降入英冠，又走上相同的下坡路。

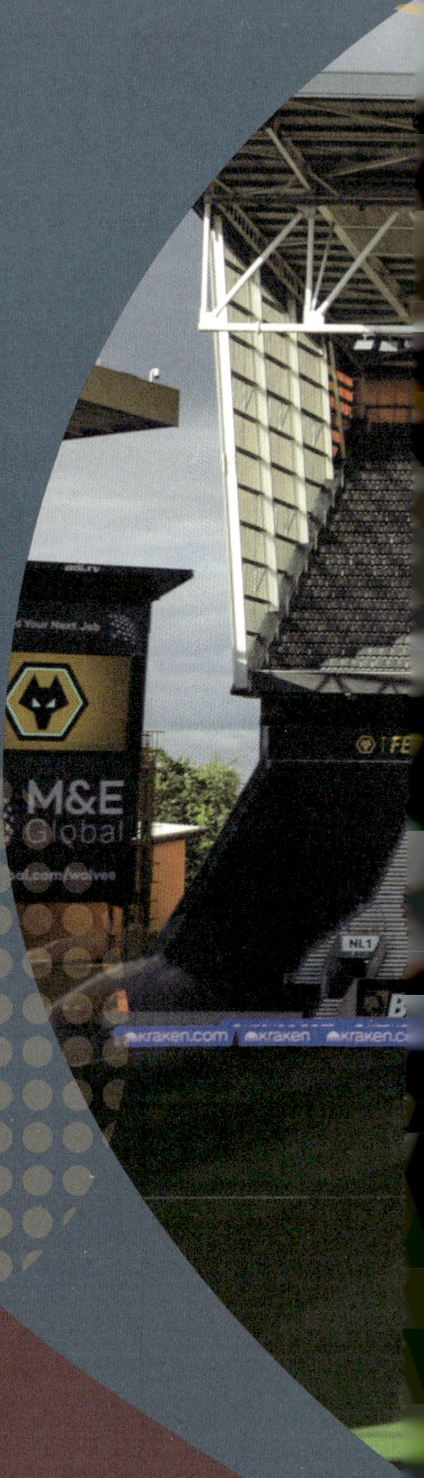
M&E
Global
kraken.com
kraken

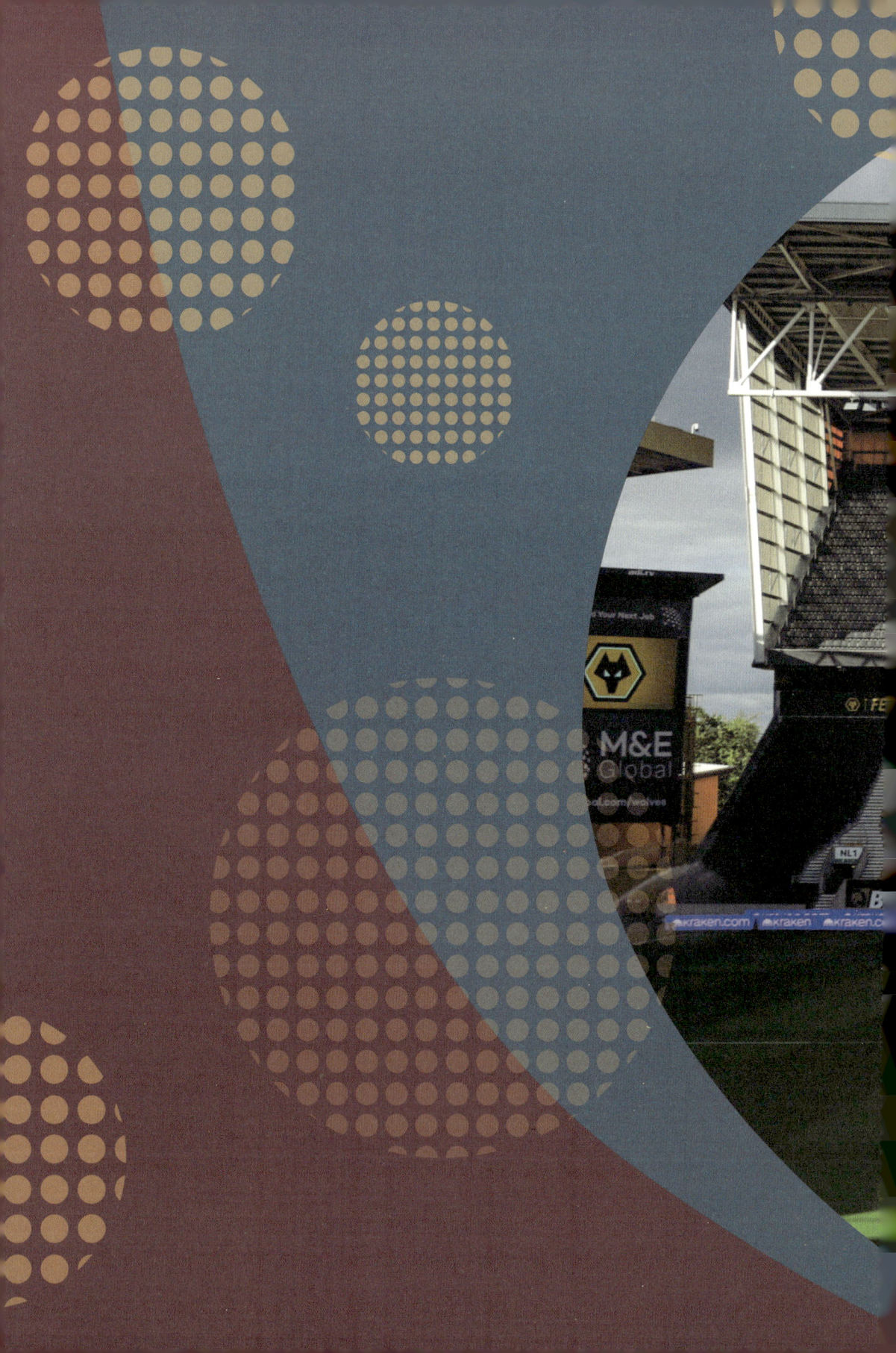

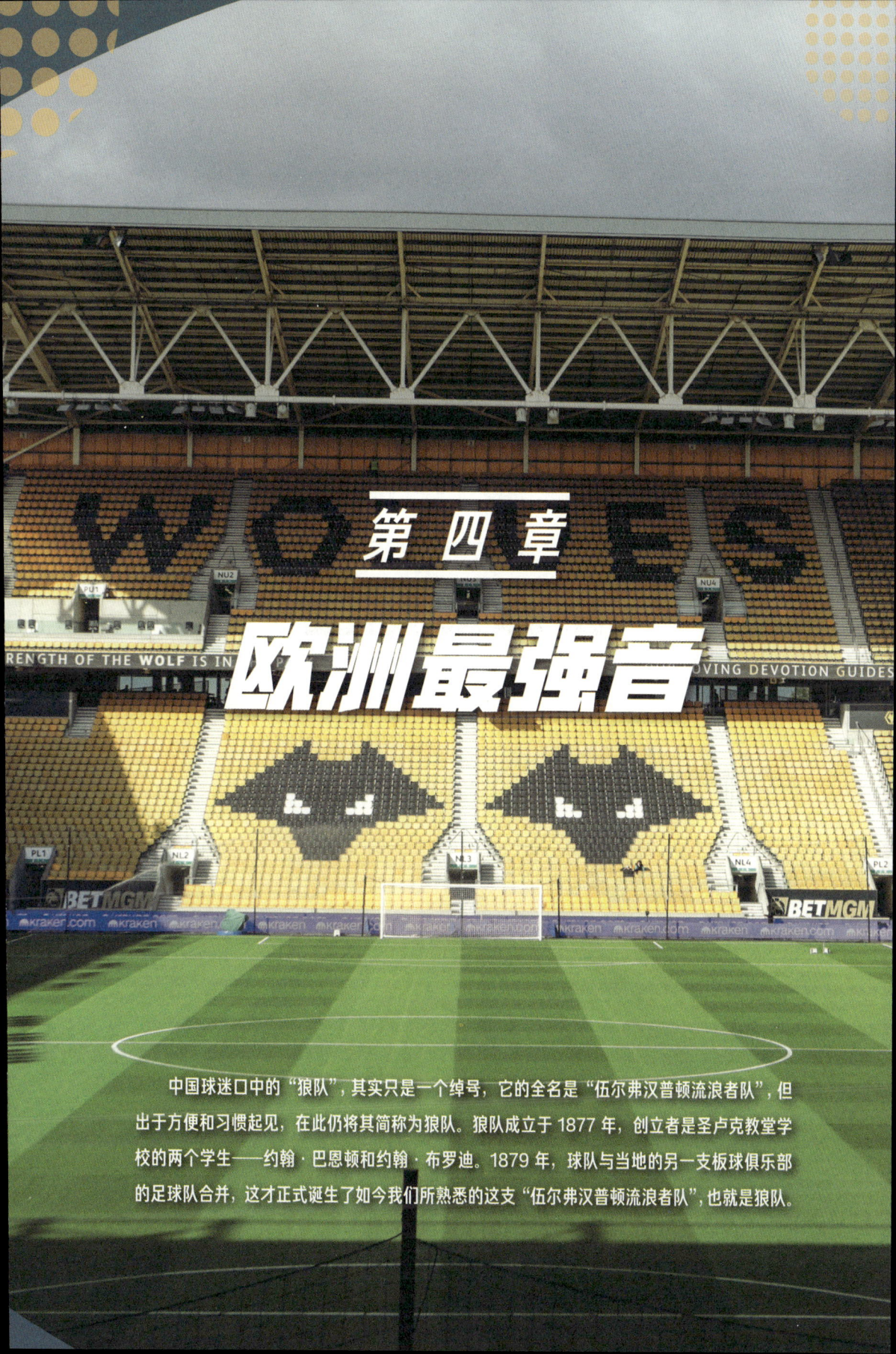

第四章
欧洲最强音

中国球迷口中的"狼队",其实只是一个绰号,它的全名是"伍尔弗汉普顿流浪者队",但出于方便和习惯起见,在此仍将其简称为狼队。狼队成立于1877年,创立者是圣卢克教堂学校的两个学生——约翰·巴恩顿和约翰·布罗迪。1879年,球队与当地的另一支板球俱乐部的足球队合并,这才正式诞生了如今我们所熟悉的这支"伍尔弗汉普顿流浪者队",也就是狼队。

01

狼队的初生

阿登布鲁克执教狼队的场次超过 1100 场,胜率高达 40%,五次率队杀入足总杯决赛,两次夺冠。

01 狼队的初生

1888 年英甲创立，狼队就是 12 支创始球队之一。加入英甲的第一个赛季，狼队的表现也相当惊人，以 12 胜 4 平 6 负的成绩获得季军，并成功闯入足总杯决赛。此前狼队在足总杯的最佳成绩仅是闯入第四轮而已。然而在决赛中，狼队遇到了当时的足坛霸主普雷斯顿队，结果 0 比 3 完败于对手，无缘足总杯冠军。

不过狼队球迷并没有等待太久。1892—1893 赛季，狼队在主帅杰克·阿登布鲁克的带领下再次闯进足总杯决赛，这次狼队遭遇的是埃弗顿队。凭借队长哈里·阿伦在第 60 分钟的进球，狼队最终 1 比 0 战胜埃弗顿队，夺得球队历史上首个正式赛事的冠军！遗憾的是，仅仅两年之后，夺冠功臣哈里·阿伦突然去世，年仅 29 岁。

阿登布鲁克是狼队历史上第一位功勋主帅，也是狼队的创立者之一。他的本职工作是圣卢克教堂学校的一位教师，1883 年正式以球员身份加入狼队，但从未代表球队出场。1885 年，年仅 20 岁的阿登布鲁克成为狼队历史上第二位主帅，而这一干就是 37 年。1922 年他因病离任，几个月后就溘然长逝。

阿登布鲁克执教狼队的场次超过 1100 场，胜率高达 40%，五次率队杀入足总杯决赛，两次夺冠。第二次夺冠是在 1908 年，狼队 3 比 1 战胜纽卡斯尔联队，肯内斯·亨特在第 40 分钟为球队先拔头筹。这一年亨特双喜临门，不仅帮助狼队问鼎足总杯，还代表英国参加了 1908 年伦敦奥运会的男足比赛，与队友一起夺得奥运金牌！他把整个职业生涯都奉献给了狼队，但始终保持着业余球员的身份。

第四章 欧洲最强音

值得一提的是，狼队的第二座足总杯奖杯是其在英乙征战期间拿到的。因为在 1905—1906 赛季，狼队一共只赢了 8 场比赛，输了 23 场，丢球数达到惊人的 99 球，位列第 20 名不幸降级。此后，狼队一直在英乙徘徊，包括 1920—1921 赛季夺得足总杯亚军之时。1922—1923 赛季，也就是阿登布鲁克离开后的第一个赛季，狼队战绩不佳，仅排第 22 名，降入第三级别联赛，虽然一年之后就成功升级，但整个 20 世纪 20 年代，这支球队一直在英乙挣扎，并期待下一位"救世主"的到来。

02

"少校"巴克利

在巴克利的身上,充分体现出英格兰传统教练对球员的严格要求。

第四章 欧洲最强音

第一位"救世主",名叫弗兰克·巴克利,不过他更愿意球员称他为"少校"。巴克利年轻时加入过军队,20岁开始从事足球事业,曾效力阿斯顿维拉队、曼联队、曼城队、伯明翰队等多支球队,还代表英格兰队有过一次出场。巴克利参加过一战,荣膺少校军衔,从战场归来后退役,成为诺维奇队的主帅。按照英格兰的传统,球员一般称教练为"先生",但巴克利觉得这么叫不够威武,凸显不出教练的权威,所以要求球员一律叫他"少校",后世遂称其为"少校"巴克利。

02 "少校"巴克利

1927年7月，巴克利正式成为狼队主帅。从之前的描述中就可看出，他不是那种喜欢和球员打成一片的教练，从来不称呼球员的名字，只叫他们的姓。后来成为狼队队长的比利·赖特对此评价道："我不能说'少校'招人喜欢，因为他待人太冷漠了，但他赢得了所有人的尊重。"巴克利还有个小癖好，就是喜欢设计所执教球队的球衣，就是他把狼队原来的白色短裤改成了一直沿用至今的黑色。

在巴克利的身上，充分体现出英格兰传统教练对球员的严格要求。他禁止球员在赛前48小时内外出，禁止球员在周三之后跳舞。当时有一个普遍的观点，认为如果球员结婚，那么家庭会成为他足球生涯步入稳定期的助力，但巴克利并不这么认为，他觉得伴侣会成为球员提高球技的绊脚石。在这种观点的影响下，狼队的球员几乎全部是单身！更夸张的是，他还发动当地球迷"监视"球员在外面的一举一动，如果出现违规，可以向他报告。此外，巴克利的狼队还是英格兰第一批把号码印在球衣背面的球队之一。

巴克利非常重视球员的身体状况，不允许球员抽烟，要求球员少喝酒，饮食要健康。"少校"笃信现代医学的发展，因此还引发过巨大争议。1937年，一名

第四章 欧洲最强音

药剂师告诉巴克利,他有一种注射液能提升球员的力量和恢复能力,而这种液体是从猴子的腺体里提取出来的。后来这件事被查了出来,巴克利声称自己注射过,感觉有用,才让球员注射的,而狼队几乎所有球员都注射过,只有两人例外。最终在英足总的质询下,狼队停止了注射。

由此可见,巴克利非常注重球员的身体素质和力量,他认为球员只有保持足够的力量和体能,才能适应他的冲击型长传打法,才能在比赛尾声仍能给对手带来"杀伤"。由于喜欢身体接触和对抗,狼队的球风被业内认为太"脏",1937年夏天,巴克利想带狼队去欧洲巡游,遭到英足总的禁止,原因就是"过去两个赛季里,有许多关于狼队球员行为不当的报告",这里的"行为不当"不是指场外,而是指场内。

巴克利的另一大特长是发掘人才。他在英格兰和威尔士建立了庞大的球探网络,尤其是在威尔士,他帮助狼队引进不少年轻球员,其中包括为狼队出战191场、打入59球的前锋查理·菲利普斯。为给年轻球员更多机会,巴克利不惜将一些成名球员清洗出队。

02 "少校"巴克利

在"少校"的带领下,狼队夺得1931—1932赛季英乙冠军,终于重返顶级联赛。此后,狼队的成绩步步高升,在1937—1938赛季甚至有了竞争英甲冠军的机会。可惜最后一场比赛,狼队0比1负于桑德兰队,以1分之差不敌阿森纳队,屈居亚军。

接下来的1938—1939赛季,狼队还有成为"双冠王"的机会,然而"双冠王"最终变成"双亚王":在英甲中,狼队比冠军埃弗顿队少了4分;足总杯决赛,狼队1比4输给朴次茅斯队。

1944年3月,执教狼队近17年的巴克利选择离开,转而担任诺茨郡队主帅。虽然没有为狼队带来任何一项顶级赛事的冠军,但巴克利依然是狼队历史上最伟大的主帅之一,而且他的执教风格和战术思想都在后辈手中得到传承,从而造就了狼队最伟大的时代。

# 03

"救世主"库利斯

身为基督徒,库利斯从不口出恶言,但他对球员的要求非常严格,从来不会满意手下的表现,与巴克利相比有过之而无不及。

03 "救世主"库利斯

接替巴克利帅位的是威尔士人特德·维扎德。二战结束后,联赛恢复,他在转会市场上引进门将伯特·威廉姆斯、中锋杰西·普耶和边锋约翰尼·汉克斯,他们都是帮助狼队重现辉煌的主要成员。狼队的战绩也还不错,两个赛季分别排名第三和第五。但维扎德还是在1948年5月被解雇了,有一种说法是:队长斯坦·库利斯带头反对维扎德,才导致他下课的,而维扎德的接班人正是年仅31岁的库利斯。

斯坦·库利斯,1916年10月25日出生于埃尔斯米尔港,但这只是出生证明上的说法,实际上连他自己都不知道生日到底是哪一天。库利斯是家中10个孩子里面最小的,他的哥哥亚瑟·库利斯的足球天赋比他还高,但在钢铁厂工作时脚被切断,葬送了足球生涯。库利斯从小就喜欢足球,经常和小伙伴一起踢球,其中有一个小伙伴的名字叫乔·默瑟,他是后来带领曼城队夺得英甲、足总杯和欧洲优胜者杯冠军的一代名帅。

库利斯打小就是狼队球迷,1933年他曾和博尔顿队签下业余球员合同,但因速度太慢被放弃。不过一年之后,18岁的他如愿加入狼队,很快就展现了出色的足球天赋,得到巴克利的重用。在库利斯20周岁生日来临前,他接过了狼队的队长袖标。

第四章 欧洲最强音

身为中前卫，库利斯的责任是盯防对方中锋，身材强壮、擅长拦截的他有一本自己的小册子，上面记录了他对阵过的所有中锋的优缺点。匈牙利传奇球星费伦茨·普斯卡什如此形容库利斯："库利斯是他那个时代世界上最经典的中前卫。"此外，1939年5月，库利斯还成为英格兰队历史上最年轻的队长。

1939年，二战全面爆发，狼队是英国最支持英军参战的球队之一，巴克利允许球员参军入伍，库利斯第一个报名。然而他的第一次体检竟然没有通过，库利斯很不满地争辩道："我可是狼队的队长、英格兰队球员，身体怎么可能有问题？"第二次体检，负责体检的医生知道库利斯的大名，他才得以通过，为国参军。

战争结束后，库利斯和他的大多数队友成功活着回来，继续代表狼队征战，但还是有两人永远离开了他们：乔·鲁尼于1943年战死，埃里克·罗宾逊死于军事训练。

03 "救世主"库利斯

1948年5月,库利斯正式退役。他代表狼队的最后一场比赛是对阵利物浦队。关键时刻,对方中锋获得单刀球,在他身后的库利斯只要犯规就能破坏这次机会,但库利斯没有这么做,放任对手破门得分,也输掉了职业生涯的最后一场比赛。但这就是库利斯,犯规从来不是他的作风,他职业生涯中很少领到黄牌,更别提被罚下了。在他看来,用背后犯规的方式来扼杀对方光明正大的进攻机会,背叛了他的信仰和灵魂。但球队若想取胜,就必须犯规阻止对手。在两难选择下,那一刹那库利斯只能听从内心的判断,于是他放过了对手。

1948年7月,31岁的库利斯正式成为狼队主帅。与恩师巴克利一样,他也是一位非常传统的英格兰教练。身为基督徒,库利斯从不口出恶言,但他对球员的要求非常严格,从来不会满意手下的表现,与巴克利相比有过之而无不及。他甚至不允许球员在进球后庆祝,哪怕球员只是围在一起欢庆,球衣都没脱,也没

第四章 欧洲最强音

有什么出格的举动，这都要遭到他的怒斥。

中场球员埃迪·克拉姆普回忆道："我和库利斯的10年合作是成功的。但我确定他不喜欢我，我当然也不喜欢他，不过我很尊敬他。"库利斯为何能得到球员的尊敬？因为他虽然要求严格，但总是站在球员一边。比如有球员遇到一些私事需要解决，他总愿意出手相助；再比如他总能保证球员拿到限薪令下的最高工资。

与巴克利一样，库利斯也非常重视球员的身体素质和体能训练。他专门邀请前国际冠军、赛跑名将弗兰克·莫里斯来指导球员的体能训练，并详细列出球员所需要达到的目标。这些体能训练，都是为了库利斯的战术打法所准备的。

从巴克利到库利斯，狼队一直传承的战术打法是长传冲吊。在当时，长传冲吊战术是符合实际的。大批优秀球员在二战中度过了自己职业生涯的黄金时期，所以战后足球人才凋零，没有那么多技术型球员可以使用。当时英国的冬天非常寒冷，每支球队都想在比赛中尽快取得进球，而且越多越好，所以需要简单、直接，但有效的战术。

从战术层面来讲，狼队的长传冲吊也并非现代球迷认为的那样简单粗暴。具体而言，后防球员利用中长传将球转移到边锋约翰尼·汉克斯或吉米·穆伦脚下，这两名球员默契十足，虽分居两翼，但时常用大范围传球转移找到对方，这对他们的脚法甚是考验，但汉克斯和穆伦的传球精准度是经得起考验的。汉克斯的传球有多准？他曾和库利斯打赌，在中线射门6次，至少有1次能击中球门横梁，最终他赢了——击中2次！

中锋罗恩·斯文伯恩是汉克斯和穆伦的传球第一选择，如果此路不通，他们才会寻找彼此之间的传球线路，再做配合。总之，狼队的进攻思路就是一直高速向前，以最快速度对对方球门形成攻击，长传冲吊只是实现这一进攻思路的方式，绝非为了长传而长传。

当时在狼队效力、后来成为曼联队主帅的罗恩·阿特金森就指出："我们的战

03 "救世主"库利斯

术不是长球,而是长传。"约翰尼·吉莱斯解释道:"没错,长传是很直接,但传球的目的是将球尽快交给边锋,这要求传球非常精准到位。"因此,别看长传冲吊战术为现代球迷所不齿,但任何战术都有其历史性,放在当时的历史条件下,它毫无疑问是先进的,只是英格兰人没有对它加以改进,才造成长传冲吊战术如今的声名狼藉。

04

欧洲最强音

20世纪50年代的英格兰足坛，是狼队和曼联队的天下，狼队奏出的"欧洲最强音"更是震惊了整个欧洲足坛。

04 欧洲最强音

1948 年到 1964 年间，库利斯执教的狼队迎来了球队历史上最伟大、最辉煌的时代。在这一时期，狼队三夺英甲冠军，两次问鼎足总杯，成为名副其实的英格兰足坛之王，同期只有马特·巴斯比率领的曼联队能与之媲美。而在与欧洲强队的对决中，狼队更是为英格兰球队争足了脸面，奏响"欧洲最强音"。

库利斯执教的首个赛季，狼队只排名英甲第 6，但出人意料地夺得足总杯冠军。在晋级过程中，狼队先后淘汰切斯特菲尔德队、谢菲尔德联队、利物浦队和西布罗姆维奇队，然后又在半决赛击败了"巴斯比宝贝"组成的曼联队。

这场半决赛赢得分外艰难，上半场狼队两名后卫受伤，但狼队仍是 1 比 1 逼

第四章 欧洲最强音

平进攻火力强大的曼联队。双方在古迪逊公园球场进行重赛，狼队凭借萨米·史密斯在第 86 分钟的进球 1 比 0 取胜，惊险晋级决赛！

与莱斯特城队的足总杯决赛，狼队没给对手任何机会。中锋杰西·派伊上半场梅开二度，莱斯特城队虽然扳回一球，但史密斯在第 64 分钟的破门彻底锁定胜局。最终，狼队 3 比 1 击败对手，球队历史上第三次，也是自 1908 年以来第一次获得这项古老赛事的冠军！这也是库利斯为狼队夺得的第一个冠军。

1949—1950 赛季，狼队开局取得 12 轮不败，但从 10 月 22 日 0 比 3 不敌曼联队开始，到圣诞节期间，狼队竟然没有获得一场胜利。雪上加霜的是，主力门将伯特·威廉姆斯和队长比利·赖特都在代表英格兰队比赛时受伤。即便如此，狼队依然能够后程发力，1950 年 2 月后只输了 3 场比赛。不过遗憾的是，虽然狼队最后一轮 6 比 1 大胜伯明翰队，与朴次茅斯队同积 53 分，但因为得失球的劣势（狼队得失球 1.551，朴次茅斯队得失球 1.847）屈居英甲亚军。

接下来的三个赛季，狼队分别获得英甲第 14 名、第 16 名和第 3 名，然后就是伟大的 1953—1954 赛季了。此时，库利斯已集齐他所需要的阵容：门将是伯特·威廉姆斯，后防线上有埃迪·斯图尔特，队长比利·赖特领衔中轴线，中场还有比尔·肖特豪斯和比尔·斯拉特，边锋是汉克斯和穆伦，丹尼斯·威尔肖和皮特·布罗德本特司职内锋，中锋是罗伊·斯文伯恩。

1953—1954 赛季首场比赛，狼队客场 1 比 4 不敌伯恩利队，遭遇"开门黑"，但从 8 月 29 日开始，狼队开启不败之旅，直到 12 月 12 日才吃到败仗！虽然后半程的成绩不如前半程，但狼队的进攻火力依然得到维系，42 轮联赛打入惊人的 96 球，其中穆伦和汉克斯这对边锋搭档合力贡献 31 球。最终，狼队取得 25 胜 7 平 10 负的成绩，以 4 分优势压过西布罗姆维奇队，历史上第一次夺得英甲冠军！

04 欧洲最强音

成为英甲冠军后，狼队接下来的使命就是征服世界。1954年3月，正在冲击联赛冠军的狼队在热身赛中3比1击败阿根廷竞技队。夏天，狼队又两次战胜奥地利维也纳队，5比1大胜另一支阿根廷球队——圣洛伦索队。冬天，贵为英甲冠军的狼队又迎来两场重要的热身赛。11月，狼队对阵苏联劲旅莫斯科斯巴达克队。双方一度激战得非常胶着，但狼队的体能优势和后发制人的特点再次显现，在比赛最后10分钟打入4球，汉克斯梅开二度，最终以4比0的比分大胜对手。

与莫斯科斯巴达克队的比赛结束一个月后，也就是在1954年12月13日，狼队迎来匈牙利豪门布达佩斯洪韦德队的挑战。一年多以前，英格兰队在温布利球场3比6惨败于匈牙利队脚下，南多尔·希代古提上演帽子戏法，费伦茨·普斯卡什打入2球。1954年5月，英格兰队做客布达佩斯，又被匈牙利队7比1击败，普斯卡什、桑多尔·柯奇什皆梅开二度。而这支来访的布达佩斯洪韦德队里面，就有6人参加了6比3一役，包括普斯卡什、柯奇什和佐尔坦·齐伯尔三大巨星，所以狼队的目标就是战胜布达佩斯洪韦德队，为英格兰队复仇。

必须提到的是，库利斯现场观看了匈牙利队6比3大胜英格兰队的比赛，他

71

第四章 欧洲最强音

的观点与众不同。库利斯认为，匈牙利队打入的6球里只有1球是源于球员从本方半场开始的传递，3球来自1次传球，1球来自2次传递，还有1球是任意球。他还指出，匈牙利队门将开球时也大多是一个大脚踢到前场，很少地面传球交给后卫。所以狼队的长传冲吊打法在这方面是与匈牙利队不谋而合的。还有一个叫查尔斯·里普的人也深入研究了这场比赛，后来他的一些观点被转化为了著名的"最大机会位置理论"（Positions of Maximum Opportunity），简称"POMO"。

言归正传。比赛开始仅14分钟，布达佩斯洪韦德队就取得2比0领先，普斯卡什助攻梅开二度。狼队球员也有过破门机会，但球均被对方门将扑出，只能带着0比2的劣势进入更衣室。

中场休息时，库利斯要求球队工作人员向场内浇水，让草地变得泥泞不堪。这一招果然奏效，匈牙利人的脚下技术在糟糕的场地条件下难以发挥威力，体能也每况愈下。而狼队的长传冲吊正好发挥作用。战术层面，库利斯也做出相应调整：比尔·斯拉特和罗恩·弗劳尔斯不再去专门盯防普斯卡什和柯奇什，而是去切断布达佩斯洪韦德队球员的传球线路。他们在后场断球后，尽快将球交给边锋汉克斯和穆伦。

下半场开始仅4分钟，汉克斯就制造点球并主罚命中，将比分变为1比2。第76分钟，威尔肖送出传中球，斯文伯恩头球破门。两分钟后，狼队如法炮制，威尔肖再次助攻斯文伯恩攻入绝杀球。3比2，狼队逆转获胜！

有意思的是，英国广播公司的解说员一度认为进球者是汉克斯，高呼："他进球了，他进球了，他进球了，汉克斯进球了！"但没人会怪他认错人。尽管浇水的做法有些胜之不武，但狼队的实力确实能与布达佩斯洪韦德队抗衡，成功复仇更是点燃了英格兰球迷的热情，媒体甚至将狼队盛赞为"世界冠军"！库利斯则表示："匈牙利队踢的就是我们想要踢的足球，既能长传也能短传。"

一个法国记者在现场观看了这场比赛，也听到了英国同行对狼队的赞誉。这

04 欧洲最强音

名法国记者是《队报》的加布里埃尔·雅诺。雅诺在报道中写道："在我们承认狼队无敌之前，国际赛场上还有其他一些强队，比如 AC 米兰队和皇家马德里队（简称"皇马队"）。如果能举办一个欧洲俱乐部之间的比赛就好了。"他将这个想法告诉了同事，于是一个伟大的赛事——欧洲冠军俱乐部杯（欧洲冠军联赛的前身，统一简称"欧冠"）诞生了。

欧冠于 1955 年正式创立，1954—1955 赛季英甲冠军切尔西队获得邀请，而意图真正称雄欧洲的狼队也想参加这项赛事。不过当时的英足总拒绝英格兰球队征战欧冠，在巨大的压力下，切尔西队和狼队都只能选择放弃，英格兰球队缺席了首个赛季的欧冠，而皇马队成为欧冠历史上的首个冠军。

狼队还有一场经典热身赛，对手是莫斯科迪纳摩队。莫斯科迪纳摩队拥有著名门将列夫·雅辛，这支球队巡游英国，3 比 3 战平切尔西队，4 比 3 力克阿森纳队，10 比 1 大胜卡迪夫城队。但狼队在开场第 15 分钟就由穆伦破门，第 49 分钟斯拉特建功，雅辛把守的球门两度被攻破。最终，狼队 2 比 1 击败莫斯科迪纳摩队。

第四章 欧洲最强音

1955年8月,狼队回访苏联,与莫斯科迪纳摩队和莫斯科斯巴达克队进行了两场较量。球员对莫斯科的天气非常不适应,两战均告负。不过与莫斯科迪纳摩队一战,狼队在上半场0比3落后的情况下连入两球,仍然显示出强劲的实力。

1957年秋天,狼队与欧冠两连冠的皇马队在友谊赛中正面交手。狼队先做客伯纳乌球场,凭借博比·梅森和穆伦的进球,2比2战平拥有阿尔弗雷多·迪斯蒂法诺的皇马队,但狼队认为自己应该取胜,因为对手的进球都有越位嫌疑。即便如此,狼队的表现还是震惊了西班牙球迷,因为这是皇马队第一次没能在主场赢下外国球队。

回到自己的主场,狼队再发神威,3比2力克皇马队,若按照杯赛赛制,狼队就是以5比4的总比分战胜了欧冠冠军!经过与布达佩斯洪韦德队和皇马队的比赛,狼队奏出了"欧洲最强音"。

1957—1958赛季,狼队42轮比赛打入103球,再次问鼎英甲,获得下赛季的欧冠参赛资格。前一个赛季,曼联队夺得英甲冠军后,巴斯比顶住英足总的压力率队参加欧冠,但1958年2月的慕尼黑空难让曼联队遭受重创。巴斯比一度生命垂危,作为他的好友,库利斯日夜为他祈福。

欧冠主办方想邀请经历空难的曼联队作为英格兰球队的代表,顶替狼队参加1958—1959赛季的比赛,但遭到一些英格兰球队的反对。有媒体称其中就包括被顶替的狼队,库利斯对此愤怒否认,坚称狼队不是其中之一,以他和巴斯比的多年交情,也确实不会做出这种事情。最终,狼队首次获得参加欧冠的资格,但第一轮他们遭遇联邦德国的沙尔克04队,主场被对手2比2逼平,客场1比2失利,总比分3比4不敌对手,就此止步。

1958—1959赛季,库利斯率领球队完成英甲两连冠,42轮比赛总进球数达到110球,令人叹为观止。1959—1960赛季欧冠首轮,狼队在首回合1比2失利的情况下,次回合在主场以2比0完成逆转,晋级16强。1/8决赛,狼队又以

04 欧洲最强音

4比1的总比分淘汰贝尔格莱德红星队，与巴塞罗那队（简称"巴萨队"）会师八强。

面对后来开创"大国际时代"的埃莱尼奥·埃雷拉所执教的巴萨队，狼队遭遇到欧洲赛场上的最大重创，进攻端无法攻破对方的防守，反而被罗兹洛·库巴拉和柯奇什领衔的攻击线击溃，狼队首回合0比4惨败，次回合回到主场又输了一个2比5，最终以2比9的总比分无缘欧冠半决赛。

虽然被巴萨队击败，但在英格兰赛场，狼队依然风头强劲，获得了1959—1960赛季的英甲亚军和足总杯冠军。然而当时谁也不会想到，这座足总杯奖杯，竟会是库利斯带给狼队的最后一个冠军奖杯。

1960—1961赛季，狼队获得英甲第3名，之后3个赛季分别获得第18名、第5名和第16名。1963—1964赛季结束后，库利斯在1964年9月被解雇，狼队管理层给他写了一封信，信的内容是让他交还办公室钥匙。

这样一位功勋卓著的主帅突然被炒鱿鱼，整个英格兰足坛都愤怒了。曼联队主帅巴斯比激动地说道："库利斯把他的生命都奉献给了狼队，管理层怎么能这么做？"但库利斯对狼队的感情依然很深，他在自传里深情地写道："在这个世上，人只有一条生命，我把我的给了狼队。"

库利斯的离开，标志着一个伟大时代的结束。从那以后，狼队不仅再也没有夺得顶级联赛冠军，而且每况愈下，1965年降入英乙，20世纪80年代甚至一度跌进第四级别联赛！英超创立后，狼队直到2003—2004赛季才首次升入英超，但只待了一个赛季就降级了。

20世纪50年代的英格兰足坛，是狼队和曼联队的天下，狼队奏出的"欧洲最强音"更是震惊了整个欧洲足坛。然而时至今日，大多数球迷已经忘记了狼队的辉煌，以及缔造辉煌的弗兰克·巴克利和斯坦·库利斯，但历史永远不会忘记他们。

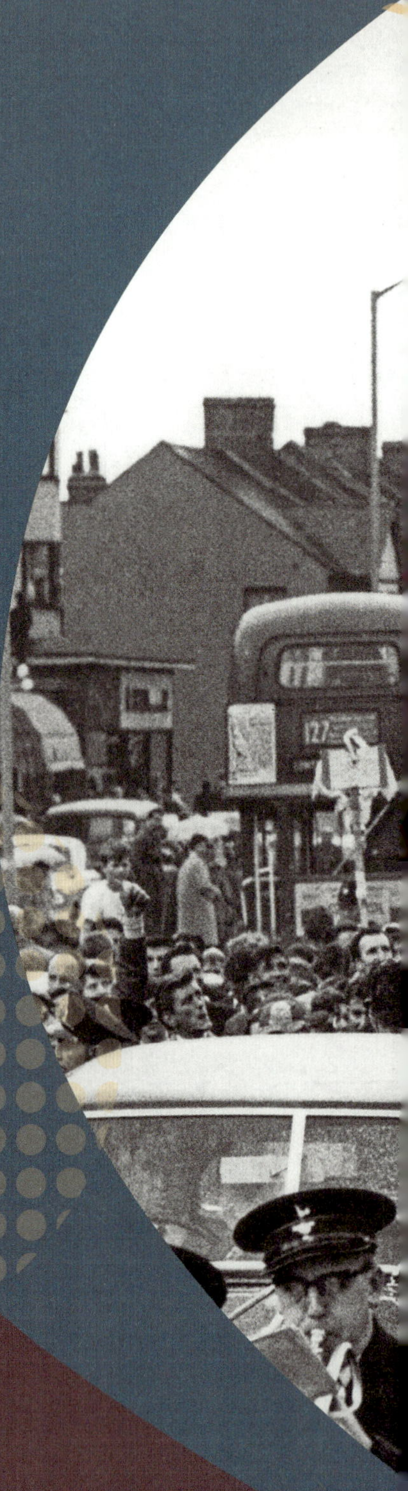
127

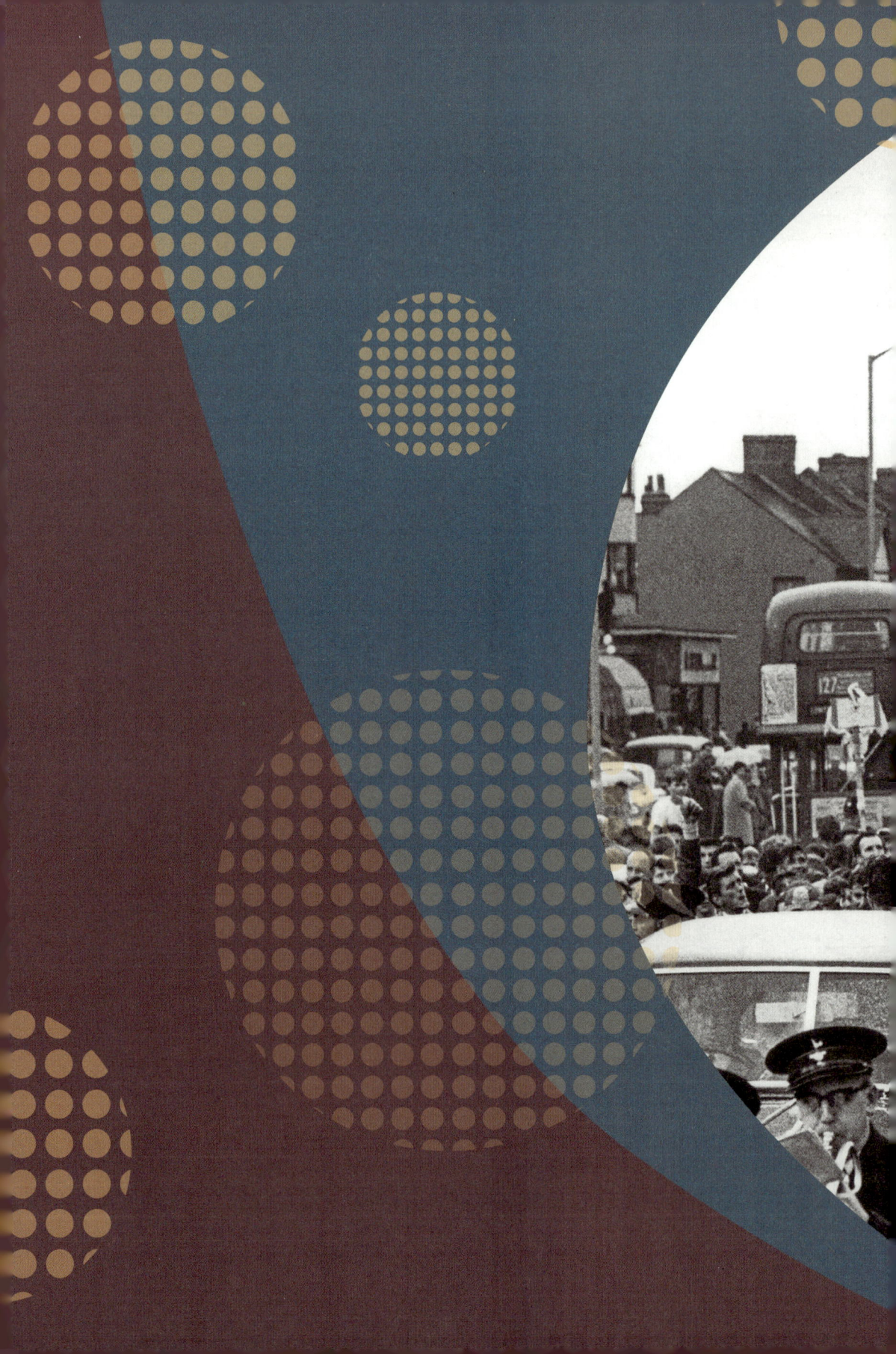

第五章
美丽足球之花

提到英国首都伦敦的足球队,当代球迷最先想到的必定是阿森纳队和切尔西队,这两支球队似乎代表了伦敦足球的全部骄傲。但是请千万别忘记热刺队,因为在亚瑟·罗维与比尔·尼科尔森两位名帅的带领下,这支北伦敦劲旅曾经绽放出震惊英格兰乃至整个欧洲的"美丽足球之花"。

01

"白百合"的崛起

20世纪20年代,是"白百合"历史上的第一个辉煌时期。

01 "白百合"的崛起

热刺队诞生于1882年9月5日,由来自圣约翰长老派教徒学校和托特纳姆文法学校的板球球员成立。1884年,球队正式命名为"托特纳姆热刺队"(Tottenham Hotspur),而"热刺"(Hotspur)一词的由来,则是源于莎士比亚戏剧《亨利四世》里的一个名叫"哈利·何斯佰"(Harry Hotspur)的角色。此外,热刺队还有一个美丽的绰号——"白百合"。

最开始,热刺队的球衣套装是海军蓝上衣搭配白色短裤,但后来球衣的配色几经变化,1890年至1895年间甚至还穿过红色上衣和蓝色短裤。直到1899—1900赛季,热刺队从当时英格兰足坛霸主普雷斯顿队那里得到灵感,最终确定为当代球迷所熟悉的白色上衣、海军蓝色短裤。

1892年,热刺队想要加入阿森纳队组织的南部联赛,但未获成功——"白百合"是23支申请球队中唯一没有获得投票的。热刺队在1895年正式转为职业球队,并在1896年获得参加南部联赛的资格。3年之后,查尔斯·罗伯茨当选热刺队的主席,而且一直在这个位置上待到1943年。

1899年,热刺队得到查林顿酒厂的一块苗圃,经过翻修之后建成球场,它就是著名的白鹿巷球场。搬入新球场的第二年,热刺队就夺得南部联赛冠军,一年之后"白百合"更是问鼎1900—1901赛季的足总杯,成为足总杯历史上第一支夺冠的非足球联赛球队。

率领热刺队夺冠的教练是苏格兰人约翰·卡梅隆。球员时代他司职前锋,1898年加盟热刺队,1899年开始兼任教练。他为热刺队出场111次打入43球。

第五章　美丽足球之花

有意思的是，卡梅隆的执教首秀是在足总杯对阵英甲球队桑德兰队，他亲自上阵并打入制胜球。

1900—1901赛季足总杯决赛，热刺队对阵谢菲尔德联队。卡梅隆领衔出战，中锋桑迪·布朗梅开二度，双方最终战成2比2平，只能择日进行重赛。重赛中，卡梅隆挺身而出，为热刺队先拔头筹，此后汤姆·史密斯与布朗各入一球，"白百合"以3比1战胜对手，成功夺冠！这也是热刺队历史上获得的第一个重要赛事冠军。

1908—1909赛季，热刺队进入足球联赛，征战英乙，结果第一个赛季就取得20胜11平7负，以亚军身份升入英甲，这当然也是"白百合"首次参加顶级联赛。不过，一到英甲，热刺队实力上的不足就完全暴露出来，1909—1910赛季以第15名的成绩惊险保级，此后几个赛季的最高排名也仅为第12名，最终于1914—1915赛季排名垫底，重新降入英乙。随后联赛因一战的爆发而停摆，一战结束后，热刺队夺得1919—1920赛季的英乙冠军，重返英甲。

01 "白百合"的崛起

20世纪20年代，是"白百合"历史上的第一个辉煌时期。在苏格兰人皮特·麦克威廉的执教下，热刺队在1920—1921赛季足总杯决赛中1比0击败狼队，夺得冠军。

1921—1922赛季，热刺队获得21胜9平12负的战绩，以6分之差位于利物浦队之后，拿下英甲亚军，取得自建队以来的顶级联赛最好成绩。在足总杯中，"白百合"也成功杀入半决赛。

然而热刺队的辉煌只是昙花一现，1922—1923赛季，"白百合"的联赛排名就暴跌至第12位，此后一路下滑，竟于1927—1928赛季结束后跌入英乙。在英乙徘徊五个赛季后，热刺队曾短暂回到英甲赛场，但只待了两个赛季就被打回原形。从1935—1936赛季重新跌入英乙之后，"白百合"就一直处于低谷当中。1938年，功勋教头麦克威廉重返热刺队，但未能率队再现神奇。后来阿森纳队名将乔·休姆前来执教，也无法将球队拖出泥潭。直到1949年5月，一个名叫亚瑟·罗维的人来了。

02

罗维与撞墙式配合

罗维对热刺队、英格兰足球做出的最大贡献,是发明了一套全新的足球理念,它被命名为"撞墙式配合"。

02 罗维与撞墙式配合

罗维球员时代就曾在热刺队效力，司职中前卫，出战 182 场比赛，随队拿下 1932—1933 赛季英乙亚军，升级英甲。1937—1938 赛季结束后，罗维结束球员生涯，而后前往匈牙利，成为匈牙利队的教练组成员之一。他原本很有希望成为匈牙利队主帅，但二战爆发后他毅然决然选择回到英国。后世之人不免会假设：如果他一直留在匈牙利队执教，那么普斯卡什、柯奇什领衔的"黄金一代"是否会由他来亲手缔造？

第五章 美丽足球之花

二战期间，罗维参军入伍，在军队里担任体能训练指导员。二战结束的 1945 年，南部联赛球队切姆斯福德城队成为他开启执教生涯的第一站。在罗维的带领下，切姆斯福德城队在 1945—1946 赛季成为南部联赛和南部联赛杯"双冠王"，1948—1949 赛季又获得南部联赛亚军，成为非足球联赛系统里的超级强队。正因在切姆斯福德城队的出色执教，罗维得到老东家热刺队的邀请，并欣然赴任。

罗维对热刺队、英格兰足球做出的最大贡献，是发明了一套全新的足球理念，它被命名为"撞墙式配合"。罗维起初对这个名词不感冒，认为它太粗俗、没创意，但最终还是接受了它。

那究竟何为撞墙式配合呢？先说它的起源。

20 世纪 30 年代，还在踢球的罗维在热刺队的一场训练赛里目睹了一次进球：球经过连续传递，最终被传入对方球门。这让他产生了一个念头：如果控球球员总将球传给离他最近的队友，如果无球球员总能跑到最适合接球的位置，这么连续贯穿下去，是否就总能形成连续不断的传接球配合，让对手摸不着头脑？

后来，罗维又从街头足球中受到启发。街头足球里没有正规的球场，踢球的孩子总喜欢利用街道两旁的墙壁过人突破：将球踢向墙壁，利用墙对球的反弹来过掉对手，对手往往猝不及防。罗维思忖道：在正规的足球比赛里，可不可以用人来代替墙，通过两人或多人之间的"反弹"式传球，让对手来不及反应呢？

在那个年代，英格兰球员更喜欢利用个人技术和速度戏耍对手，所以具有单兵作战能力的边锋成为全民偶像。但单兵突破的坏处就是对手可以一对一防守，甚至用粗野的动作铲抢。而撞墙式配合的好处，就是一名球员得球后立刻传走，对方都来不及下脚铲抢，就被轻松摆脱了。一人如此，人人如此，对方的整个防守体系就会被轻而易举地攻破。

撞墙式配合诞生后，颠覆了传统的足球理念。在严格限定球场位置的时代，罗维鼓励球员多跑动，多转移球，球在哪儿，人就去哪儿。如果情况有变，球员

02 罗维与撞墙式配合

的位置也要随之发生变化,而不是球员扮演固定角色,单纯守在属于自己的区域。毫无疑问,他给热刺队球员前所未有的战术自由,也令对手感到无比困惑。

在罗维的要求下,热刺队门将特德·迪奇伯恩开球门球时不会像其他门将一样开大脚了事,而是采用手抛球的方式将球交给后卫,由后卫发起进攻;边后卫不再固守本方半场,而是积极前插、接球、助攻。热刺队右边锋索尼·沃尔特斯的个人能力很强,对方后卫很难防守,而当右后卫阿尔夫·拉姆塞也来到前场,与沃尔特斯做传球配合时,防守球员更是顾此失彼。

当然,新战术理念的形成需要一个过程。罗维回英国之前就将这一理念在匈牙利加以实践,而从切姆斯福德城队到热刺队,他的战术理念逐渐成熟。执教热刺队后,罗维在平时训练里严格按照撞墙式配合的要求对球员加以训练。不过他绝非独断专行的主帅,而是十分鼓励大家提意见和建议,允许球员主动尝试他们自己的想法。罗维不仅是一位很有耐心、热情的教练,还喜欢把训练搞得生动有趣,方式多种多样,所以得到热刺队球员的拥护和爱戴。

第五章 美丽足球之花

就这样，1949—1950赛季，热刺队在罗维的带领下开启冲击英甲之旅。英乙首轮对阵布伦特福德队，撞墙式配合就展现出惊人威力，罗维在热刺队的执教首秀以4比1大胜告终，第二轮又以同样比分击败普利茅斯队。前25轮，热刺队踢得顺风顺水，取得20胜4平1负的骄人战绩，1949年11月还在白鹿巷球场7比0横扫谢菲尔德联队。

在1月进行的足总杯中，热刺队5比1击败英甲劲旅桑德兰队，更令整个英格兰足坛见识到撞墙式配合的威力。最终，"白百合"42战取得27胜7平8负的成绩，成功夺得英乙冠军，重返英甲。

作为升班马，热刺队自1934—1935赛季以来第一次征战英甲，罗维很低调："我期待我们能位列积分榜上半区，我认为我们有这样的机会。"可球迷不觉得这是低调，因为热刺队历史上只有三次排在英甲积分榜的上半区，最近一次还是1921—1922赛季。懂行的专家更想看看，在英乙大放异彩的撞墙式配合在英甲究竟能否获得成功，毕竟只有在英甲成功了，它才有被广泛推广的价值。

热刺队非常想证明自己的能力和打法，但上来就遭当头一棒。1950—1951赛季首轮，"白百合"在主场被拥有斯坦利·马休斯和斯坦·莫滕森的布莱克浦队4比1击败。不过4天后，热刺队4比1击败了博尔顿队，取得二战后的首场英甲胜利。第三轮，北伦敦德比来了，这是1934—1935赛季以来热刺队与阿森纳队在英甲中第一次交手。

1934—1935赛季，查普曼率领阿森纳队主场5比1、客场6比0"双杀"热刺队。自那之后，两队只在战时联赛和足总杯上有过交锋，毫无例外，取胜的都是阿森纳队。而这一次，先声夺人的依然是主场作战的阿森纳队，但拉姆塞任意球传中，助攻队长罗恩·布尔格斯头球扳平比分。随后，沃尔特斯的进球帮助热刺队反超比分，不过最终阿森纳队将比分锁定为2比2。虽然未能取胜，但热刺队的球迷已足够满意。

02 罗维与撞墙式配合

对阵上个赛季足总杯亚军利物浦队一役，热刺队客场 1 比 2 遗憾告负，但很快就在主场 1 比 0 力克巴斯比执教的曼联队。主场 1 比 1 战平桑德兰队后，热刺队一度豪取八连胜，其中先后在主场 6 比 1 大胜斯托克城队、5 比 1 击败朴次茅斯队。

热刺队在这个赛季最经典的一场比赛是主场 7 比 0 大胜当时排名积分榜第二的纽卡斯尔联队，打入的首球更是典型的热刺队风格：球在热刺队多名球员之间连续传递，对手只有看的份儿，最终由埃迪·贝利破门得分。八连胜过后，热刺队已悄然攀升至积分榜第二。

1950 年 12 月，热刺队在客场复仇布莱克浦队，莱恩·杜克曼打入锁定胜局的一球。随后又逢北伦敦德比，坐镇白鹿巷球场的"白百合"凭借贝利的进球 1 比 0 力克对手。而这场胜利有着双重意义，既是热刺队取得北伦敦德比的胜利，同时也证明了升班马热刺队真正具备了冲击英甲冠军的实力。

1950 年的最后一战，热刺队主场 1 比 0 击败查尔顿竞技队，25 轮 36 分，领先第二名米德尔斯堡队 2 分，自 1933 年以来首次登上英甲积分榜榜首！不过进入 1951 年后，热刺队短暂陷入低谷，先在足总杯第三轮被哈德斯菲尔德队淘汰，又在英甲 1 比 2 不敌曼联队，所幸冠军争夺者米德尔斯堡队也遭遇失利。很快，热刺队就找回状态，主场 2 比 1 力克劲旅狼队之后，罗维终于高调地表示："我们已来到榜首，我认为我们会一直待下去！"

联赛战至 28 轮，热刺队攻入 59 球，场均进球数超过 2 球，为二战后英甲球队之最。但"白百合"前进的脚步并未停止：3 比 2 力克阿斯顿维拉队、5 比 0 大胜西布罗姆维奇队。2 月 3 日，热刺队在客场被桑德兰队 0 比 0 逼平，是其在该赛季的第一场未取得进球的平局，也是仅有的两场之一，另一场是 3 月 10 日与斯托克城队的比赛。

1951 年 4 月 7 日，英甲第 38 轮，热刺队凭借沃尔特斯的进球 1 比 0 险胜纽卡斯尔联队，同一轮中，曼联队（当时的积分榜第二）输球，两队间已有 6 分

第五章　美丽足球之花

之差，而且"白百合"的得失球优势很大，夺冠似乎只是时间问题。

但随后风云突变，热刺队先是在主场 1 比 2 负于哈德斯菲尔德队，吃到首轮以来的首场主场失利，随后又在客场被米德尔斯堡队 1 比 1 逼平，在还剩两轮的情况下只领先曼联队 3 分，悬念似乎又回来了。

倒数第二轮，热刺队对阵上赛季同在英乙的谢菲尔德联队，只要取胜，就能提前一轮夺得英甲冠军。1951 年 4 月 28 日这一天，热刺队打入了伟大的一球：布尔格斯中场传球给贝利，贝利连过三人杀入禁区，莱斯·梅德利和杜克曼同时赶到，前者得球后传给后者，杜克曼大力射门命中，1 比 0！正是这一球帮助热刺队力克对手，以升班马的身份夺得球队历史上第一个英甲冠军！

03

尼科尔森与"双冠王"

热刺队征服球迷的不仅是冠军,还有其所崇尚的攻势足球理念。

第五章　美丽足球之花

1951—1952赛季，身为上赛季英甲冠军的热刺队开局不错，10场比赛赢下6场，但客场2比7惨败于纽卡斯尔联队脚下，还是令"白百合"的士气有些低落。进入11月后，热刺队真正的危机来了：3场比赛连败、7轮仅3胜。1952年2月，"白百合"又在足总杯中被纽卡斯尔联队3比0淘汰，加上在那前后接连输给曼联队和阿森纳队，热刺队在各项赛事中遭遇三连败。虽然"白百合"奋起直追，从2月16日开始保持不败，并在最后以2比0击败切尔西队收官，但仍以4分之差不敌巴斯比的曼联队，屈居英甲亚军。

1952—1953赛季，热刺队的最终排名暴跌至第10，一个重要原因就是撞墙式配合在经历两个赛季的盛行后，逐渐被对手找到破解之法，那就是死死跟住热刺队的无球球员，无论他们跑到哪里，都不给他们接球机会。这其实是从侧面证明热刺队的战术改革确实打破了英格兰足球以往的规则，足球处于进步当中，而这种进步就是由罗维和他的球队推动的。

1953—1954赛季开始后的三个赛季里，热刺队一直在降级区附近徘徊，每次都是惊险保级。1955年，罗维因身体健康问题辞去热刺队主帅一职，他的助手吉米·安德森成为新任主帅，而罗维手下的主力中场球员比尔·尼科尔森也宣布退役，进入安德森的教练组。

罗维留给热刺队的最后"遗产"，是在1954年花费30000英镑，从阿斯顿维拉队引进的中场球员丹尼·布兰奇弗洛尔。此外，他还给了罗恩·亨利和特里·戴森首秀的机会，这三人都是热刺队未来再次夺冠的主要功臣。

03 尼科尔森与"双冠王"

其实在罗维辞职之前的1951年,冠军队就已开始解体:拉姆塞、布尔格斯、本内特、贝利、杜克曼、迪奇伯恩等人相继离开。安德森开始重建球队,最重要的引援手笔是从切尔西队引进中锋博比·史密斯,他是热刺队在未来10年最可靠的得分手,271场联赛攻入176球。此外,后卫莫里斯·诺曼、边锋特里·梅德文和克利夫·琼斯也来到"白百合",后两人与布尔格斯一样,都是威尔士球员。

1956—1957赛季,博比·史密斯在联赛中打进18球,热刺队获得英甲亚军;接下来的一个赛季,史密斯的进球数增长一倍多,达到37球,"白百合"也继续排在积分榜前列,取得第三名。不过1958—1959赛季的糟糕开局令安德森难逃下课命运,从历史回溯来看,他注定是一个过渡者,但也为下一任主帅的成功打下坚实基础。

第五章　美丽足球之花

接替安德森的是尼科尔森。在罗维执教时，尼科尔森司职右中场，是1950—1951赛季热刺队夺冠时的主力球员。除了二战期间曾作为嘉宾球员效力过几支球队之外，尼科尔森的整个球员时代几乎都在热刺队，1955年退役后进入安德森的教练组，1958年10月正式接班，担任热刺队主帅，直到1974年结束执教生涯，他被认为是热刺队历史上最伟大的人物之一。

在罗维的耳濡目染下，尼科尔森成为撞墙式配合战术的信奉者。从安德森手中接过教鞭后，他继续引援重建工作，最重要的引援是从苏格兰球队引入大卫·麦凯。麦凯是热刺队的中场核心，堪称队内技术最出色的球员之一。他究竟有多出色？举个例子：在距离12码（1码约为0.91米）的地方将球连续踢向对面的墙，要求保持球不落地，麦凯一次能连踢36下！

尼科尔森还找到了迪奇伯恩的接班人，苏格兰门将比尔·布朗从邓迪队加盟，成为主力门将。他唯一的缺点是不擅长接传中球，好在身前有身材高大、擅长头球的诺曼为他保驾护航。内锋约翰·怀特同样来自苏格兰，奔跑能力极强，被球迷誉为"白鹿巷的幽灵"，而另一名内锋莱斯·艾伦从切尔西队而来。

1959—1960赛季，尼科尔森率队升至英甲第三名，要知道，上个赛季热刺队仅排第18名。1960—1961赛季，重建完毕的"白百合"爆发出惊人的战斗力，从第一轮2比0埃弗顿队开始连战连捷，包括4比1大胜曼联队、3比2客场力克阿森纳队。九连胜后，热刺队已打破1948—1949赛季由赫尔城队在第三级别联赛创造的英格兰足球联赛开局连胜纪录。

但一切还未结束，热刺队又先后6比2战胜阿斯顿维拉队、4比0横扫狼队，豪取开局十一连胜！第12轮，"白百合"在主场被曼城队1比1逼平，赛季首次丢分，但此后4轮场均打入4球，又迎来四连胜。"白百合"的第一次失利是1960年11月客场1比2负于谢菲尔德星期三队，此时已经开局16轮不败，客场8连胜。虽然这两项纪录戛然而止，不过失利反倒缓解了热刺队身上的"不败"压力。

03 尼科尔森与"双冠王"

紧接着,热刺队就以6比0横扫伯明翰队,宣告球队找回状态,比赛中的一幕颇能说明队内的团结气氛:热刺队获得点球,常规主罚手、队长布兰奇弗洛尔将点球让给戴森,以成全后者的帽子戏法;戴森却将点球让给史密斯,以帮助后者打破4场"进球荒"——对史密斯来说,等待进球的时间已经够长了。

这里有个小插曲:击败伯明翰队后的周一,热刺队还与英格兰队进行了一场40分钟的热身赛,这是为了英格兰队备战与威尔士队的英国本土四角锦标赛。热刺队派上四名预备队球员,仍能4比2战胜英格兰队,而戴森上演帽子戏法。

回到联赛里,热刺队3比1击败排名第二的埃弗顿队,将领先优势扩大到10分。紧接着,"白百合"又奉献出3比0西汉姆联队、5比2布莱克本流浪者队等精彩比赛。直到1961年1月,热刺队才吃到赛季第二败,客场0比2不敌曼联队。但这场失利无法阻止热刺队争夺冠军的脚步,在北伦敦德比中,"白百合"4比2战胜阿森纳队,自1955—1956赛季以来首次"双杀"对手。而在足总杯赛场,"白百合"也一路高歌猛进,1/4决赛重赛5比0大胜桑德兰队,宣告"白百合"向着"双冠王"发起强有力的冲击。

进入3月,热刺队的脚步稍微放缓,连续输给卡迪夫城队和纽卡斯尔联队,又被富勒姆队0比0逼平,三轮不胜,但他们在足总杯半决赛3比0完胜伯恩利队,顺利杀入决赛。争冠对手谢菲尔德星期三队趁此机会将分差缩小到3分,然而"白百合"很快就重整旗鼓,取得四连胜,共进13球!英甲39轮战罢,热刺队的领先优势重新扩大到6分,联赛还剩3轮,只要能在下轮战胜直接竞争对手,热刺队就将成功问鼎英甲。

1961年4月17日,热刺队主场对阵谢菲尔德星期三队,对手先进一球,考验热刺队的时候到了。危急关头,先是史密斯扳平比分,然后是布兰奇弗洛尔任意球传中,助攻艾伦头球破门,2比1逆转!终场哨声响起,热刺队提前三轮夺得1960—1961赛季英甲冠军,这也是"白百合"时隔整整10年再次站上英格

第五章　美丽足球之花

兰足球之巅。

不过赛季还没结束。最后三轮，热刺队把心思全都放到了足总杯决赛上，结果取得 1 胜 2 负的成绩，最终 42 战 31 胜 4 平 7 负，积 66 分，追平阿森纳队创造的英甲积分纪录，这一纪录直到 1968—1969 赛季才被利兹联队打破（67 分）。"白百合"还创造了多项联赛纪录：31 场胜利、16 场客场胜利、开局 11 场连胜，以及打入惊人的 115 球！

接下来，热刺队的任务是成为"双冠王"，而距离这一荣耀只剩一场比赛。1961 年 5 月 6 日，热刺队在温布利球场迎战莱斯特城队，对手阵中有年仅 23 岁的戈登·班克斯，他是未来英格兰队的传奇"门神"。上半场双方战成 0 比 0，下半场"白百合"开始发威，第 66 分钟，史密斯打破场上僵局，9 分钟后，戴森破门锁定胜局。最终，热刺队 2 比 0 击败对手，历史上第三次夺得足总杯冠军！

03 尼科尔森与"双冠王"

在英格兰足球历史上,此前只有两支球队夺得过英甲和足总杯的"双冠王":1888—1889赛季的普雷斯顿队、1896—1897赛季的阿斯顿维拉队。热刺队是第三支,也是20世纪第一支完成这一伟业的球队。热刺队征服球迷的不仅是冠军,还有其所崇尚的攻势足球理念。英国交通运输部部长欧内斯特·马普尔斯作为受邀嘉宾参加了热刺队的庆功仪式,他说道:"你们用冷静、平衡和节奏向我们显示出足球比赛的艺术与优雅。"

04

美丽足球之花

这不仅是热刺队历史上的第一座欧洲赛事冠军奖杯,更是英格兰球队的第一座欧洲赛事奖杯,"美丽足球之花"在欧洲绽放。

04 美丽足球之花

　　度过了一个伟大赛季之后，热刺队第一次获得欧冠参赛资格。为了进一步扩充实力，尼科尔森与 AC 米兰队达成交易，切尔西队前射手吉米·格里夫斯加盟热刺队。尼科尔森不希望给格里夫斯带来额外的心理压力，于是特意开出 99999 英镑的转会费，只为不让他成为历史上第一个身价达到 10 万英镑的球员。格里夫斯报答了教练的苦心，为热刺队出战的前 22 场英甲比赛，他打入 21 球。

　　1961—1962 赛季的欧冠，热刺队以两回合 10 比 5 的总比分战胜波兰球队扎布热矿工队，随后又以 4 比 2 的总比分击败荷兰劲旅费耶诺德队。1/4 决赛面

第五章 美丽足球之花

对捷克球队布拉格杜克拉队，热刺队首回合在客场 0 比 1 失利，但回到主场，凭借史密斯和麦凯双双梅开二度，次回合 4 比 1 逆转晋级。不过在半决赛，"白百合"遭遇上届欧冠冠军本菲卡队，虽然次回合主场 2 比 1 取胜，但由于首回合客场 1 比 3 失利，最终以 3 比 4 的总比分遗憾出局，无缘决赛。

回到英格兰赛场，这个赛季热刺队排名英甲第三，未能蝉联冠军，但"白百合"闯入了足总杯决赛。决赛中，格里夫斯、史密斯和布兰奇弗洛尔各入一球，帮助球队 3 比 1 击败伯恩利队，成功卫冕。

之后的 1962—1963 赛季，格里夫斯单赛季狂进 45 球，热刺队获得英甲亚军，比冠军埃弗顿队少 6 分。在欧洲优胜者杯上，热刺队连克格拉斯哥流浪者队、布拉迪斯拉发队和 OFK 贝尔格莱德队，与西班牙的马德里竞技队会师决赛。

1963 年 5 月 15 日，欧洲优胜者杯决赛在阿姆斯特丹的费耶诺德球场进行。开场第 16 分钟，格里夫斯就为热刺队先声夺人；第 35 分钟，怀特将比分改写为 2 比 0。虽然马德里竞技队在下半场扳回一球，但随后戴森梅开二度、格里夫斯再下一城，最终帮助"白百合"取得 5 比 1 大胜，成功问鼎欧洲优胜者杯！

04 美丽足球之花

这不仅是热刺队历史上的第一座欧洲赛事冠军奖杯，更是英格兰球队的第一座欧洲赛事奖杯，"美丽足球之花"在欧洲绽放。正是有了尼科尔森和他的热刺队开创先河，才有了之后的罗恩·格林伍德和西汉姆联队（1964—1965 赛季欧洲优胜者杯冠军）、马特·巴斯比和曼联队（1967—1968 赛季欧冠冠军）。这场胜利也证明热刺队的撞墙式配合不仅适合英格兰足球，也同样适合欧洲足球，它甚至可以适用于任何一支球队，只要匹配上适合这种战术的球员。

从 1964—1965 赛季开始，热刺队未能再夺得顶级联赛冠军，但在杯赛仍能高奏凯歌：1966—1967 赛季夺得足总杯冠军，1970—1971、1972—1973 赛季问鼎联赛杯，1971—1972 赛季夺得首届欧洲联盟杯冠军，尼科尔森成为英格兰足球历史上第一位两夺欧洲赛事冠军的主帅。

不过此时，1961 年冠军队成员早已离开或退役，就连队长布兰奇弗洛尔也于 1964 年挂靴，同年，怀特遭遇雷击去世。唯一坚持到 20 世纪 70 年代的，只有主帅尼科尔森。1974 年，在执教热刺队长达 16 年之后，尼科尔森还是离开了"白百合"，这意味着球队正式告别黄金时代，走上衰落之路。

令人没有想到的是，他给球队留下的1960—1961赛季英甲冠军，竟是热刺队截至2023—2024赛季结束最近的一个顶级联赛冠军了，进入英超时代之后，"白百合"从未夺冠，最好成绩是2016—2017赛季的英超亚军，这不禁令人唏嘘。

2004 年 10 月 23 日，尼科尔森因病去世，享年 85 岁，而此时，罗维已经仙逝 11 年了。至此，"美丽足球之花"彻底凋谢。

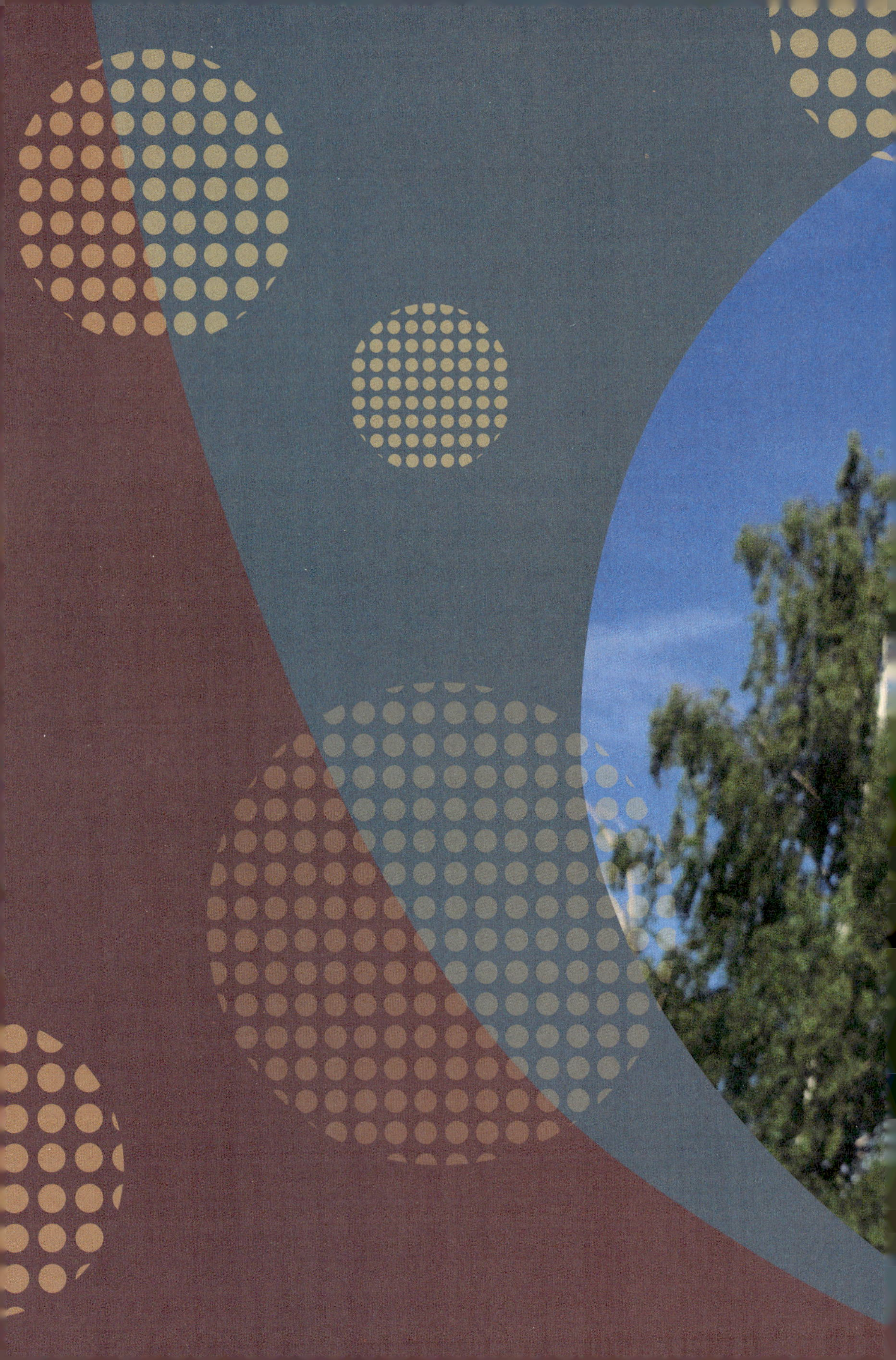

第六章
升班马奇迹

阿尔夫·拉姆塞爵士，喜欢英格兰足球的球迷朋友一定知道这个名字，正是他率领英格兰队夺得了 1966 年世界杯冠军。那么英足总当时为何会选择拉姆塞担任英格兰队的主帅呢？那是因为他率领升班马伊普斯维奇队夺得了 1961—1962 赛季英甲的冠军！而这一升班马奇迹又是如何诞生的呢？

01

小镇兴起

1936年,伊普斯维奇队正式成为职业球队,进入南部联赛。首个赛季,"拖拉机男孩"成功夺冠,于是趁势申请加入职业联赛。

01 小镇兴起

伊普斯维奇是英国东部萨福克郡的第一大镇，但即便是在今天，这里的人口也不到 14 万，而伊普斯维奇队主场波特曼路球场的容量就达到 3 万人，可见这支球队在当地的影响力。1878 年 10 月 16 日，当地议员托马斯·科博德成立了伊普斯维奇队，10 年后，它与伊普斯维奇橄榄球队合并，于是，现在我们所说的伊普斯维奇队才算正式诞生。

一开始，伊普斯维奇队只活跃在当地足球圈里，夺得过许多当地业余比赛的冠军。1907 年，绰号"拖拉机男孩"的伊普斯维奇队加入南部业余联赛，在 1921—1922 赛季、1929—1930 赛季、1932—1933 赛季和 1933—1934 赛季四次夺得冠军。

1935 年，科博德家族的伊万·科博德成为伊普斯维奇队主席，他与时任阿森纳队主席萨缪尔·希尔伍德是好友，希尔伍德劝说科博德将伊普斯维奇队转为职业球队，并把自己在伦敦的家借给科博德面试主帅候选人。就是在那里，爱尔兰人米克·奥布莱恩成为球队历史上的第一位主教练。

1936 年，伊普斯维奇队正式成为职业球队，进入南部联赛。首个赛季，"拖拉机男孩"成功夺冠，于是趁势申请加入职业联赛。然而在最终的投票中，伊普斯维奇队以 2 票之差无缘入选。

1937—1938 赛季，伊普斯维奇队主帅已从奥布莱恩换成斯科特·邓肯，奥布莱恩被解雇的理由很有趣：身为鳏夫的他爱上当地酒吧的一个已婚女店主，而这家酒吧的主人就是伊万·科博德。科博德认为奥布莱恩举止失当，于是炒了他

第六章 升班马奇迹

的鱿鱼。

苏格兰人邓肯在球员时代出任右边锋，效力过纽卡斯尔联队、格拉斯哥流浪者队、凯尔特人队等队。1932—1937 年间，他担任曼联队的秘书。为了得到邓肯，科博德开出 2000 英镑的年薪，而邓肯在曼联队的年薪只有 800 英镑，而且若赛季表现不错，邓肯还能得到 1000 镑的奖金。

在邓肯的率领下，伊普斯维奇队夺得 1937—1938 赛季南部联赛的第三名，并再次申请加入职业联赛。科博德觉得希望不大，但邓肯信心十足，他动用了效力纽卡斯尔联队时建立起来的关系网，成功帮助"拖拉机男孩"拿到 36 票，从而一举获得加入职业联赛的资格！1938—1939 赛季，成立 60 年的伊普斯维奇队历史上第一次参加职业联赛，虽然只是第三级别联赛。身为菜鸟，"拖拉机男孩"的表现已算相当不错，42 轮 16 胜 12 平 14 负，拿到 44 分，获得第 7 名。

01 小镇兴起

正当伊普斯维奇队准备再接再厉时,第二次世界大战爆发了。科博德宣布球队的所有比赛暂停,直到战争结束再重新开始。此举遭到英格兰最大的球迷组织、拥有超过一万名会员的伊普斯维奇队球迷协会的抗议,但科博德的态度非常强硬,紧接着就宣布波特曼路球场关闭。

于是,伊普斯维奇队成为第一家在二战期间关闭球场的职业球队。部分球员在科博德的酿酒厂获得工作机会,邓肯则在一家烟厂得到岗位。1944年6月,科博德在伦敦被德国空军投下的炸弹炸死,年仅47岁。不过他的两个儿子帕特里克·科博德和约翰·科博德后来子承父业,成为伊普斯维奇队的主席。

1946—1947赛季,联赛重新开战,伊普斯维奇队排名第6位。接下来几个赛季,"拖拉机男孩"的战绩一直在低谷徘徊,曾连续两个赛季排名第17位。这支球队的最大问题是球员平均年龄太大,在1949—1950赛季的一场比赛里,出场11人中只有1人的年龄在30岁以下,最年长的球员甚至有41岁!为此,邓肯进行多笔引援,迅速完成更新换代。在他的带领下,伊普斯维奇队在1953—1954赛季终于夺得冠军,升入英乙。

不过伊普斯维奇队在英乙只待了一个赛季,就以第21名的成绩降级。已经67岁的邓肯决定让贤,辞去主帅一职,转任球队秘书。伊普斯维奇队开始寻找新的主帅,硬性条件是这名主帅必须年轻,他会是谁呢?最终,英格兰队前球员阿尔夫·拉姆塞成为"拖拉机男孩"的新任主帅。

02

王者驾临

拉姆塞对"拖拉机男孩"的最大改造是在进攻端,而且这一战术性改造具有深远的历史意义:影响了整个英格兰乃至世界足坛。

02 王者驾临

拉姆塞的大名，熟悉英格兰足球的球迷无人不知。他是阿尔伯特·拉姆塞的四个儿子之一。拉姆塞从小就喜欢和几个兄弟在上学、放学的路上踢球，除了踢足球之外，他还擅长跳高、跳远、短跑和拳击。从学校毕业后，拉姆塞没能在当地的汽车厂找到工作，只能到食品杂货店里谋生，每周工资只有12先令，但过得非常开心。

1940年，拉姆塞入伍参军，他的足球天赋在军队里得以展现，甚至还当上了军队足球队的队长。1943年，在与南安普顿队的比赛里，拉姆塞表现出色，并因此得到对方的邀请。"圣徒"（南安普顿队的绰号）为拉姆塞开出一份职业合同，他签约后代表球队参加战时联赛。当时拉姆塞司职内锋，但其干净利落的球风更适合后卫这个位置，他自己也更喜欢后卫。1946年，拉姆塞退伍，南安普顿队主帅比尔·多金正式将他改造为右后卫。

1949年，拉姆塞加盟热刺队。他与恩师罗维一道帮助

第六章 升班马奇迹

热刺队夺得1950—1951赛季英甲冠军,并成为英格兰队的主力右后卫。不过到了1955年,拉姆塞已失去主力位置,于是在伊普斯维奇队的盛情邀请下,他选择退役并执起"拖拉机男孩"的教鞭。

能查询到的拉姆塞的出生日期普遍为1920年1月22日,所以当时他35岁。但他的实际年龄可能更小,只有33岁。据说为了能从南安普顿队那里拿到更好的合同,他把年龄改大了两岁。不管怎么说,拉姆塞还年轻。刚到伊普斯维奇队时,有记者问他是否会监督球队训练,第一次执教的拉姆塞表示:"不,我会把训练留给教练员,不过我是个年轻人,也许能帮上忙。"

在这里插一个趣事:拉姆塞对自己东伦敦工人阶级的出身非常敏感,为了变得更加"高大上",他还专门参加过演说课,以纠正他的"老土"口音。虽然拉姆塞对此说法予以否认,但据说科博德家族选择拉姆塞的原因,就与他的"高大上"口音有关,因为科博德家族也是贵族出身。虽然口音变了,但是拉姆塞的语法却不那么"高贵",这种反差在当时引起过不少人的嘲笑。

言归正传,拉姆塞来到伊普斯维奇队的第一个任务是增强球队的防守。1954—1955赛季的"拖拉机男孩"之所以降级,就是因为防守太差:42轮比赛丢了92球!好在拉姆塞原本就是后卫出身,调教球队的防守完全不是问题。拉姆塞对"拖拉机男孩"的最大改造是在进攻端,而且这一战术性改造具有深远的历史意义:影响了整个英格兰乃至世界足坛。

03

无翼奇迹

伊普斯维奇队的边锋并非沿着边线突破、传中的传统边锋，拉姆塞要求两人回撤到中场，接应边后卫的传球，变身为现代型边前卫。

第六章 升班马奇迹

这究竟是怎样的改造，或者说是怎样的革命呢？简单来说，四个字：边锋回撤。

这得先从伊普斯维奇队的两位主力边锋说起。1960 年，拉姆塞花费 3000 英镑从莱斯特城队引进罗伊·史蒂芬森。史蒂芬森能踢右内锋和右边锋，加盟时已经 28 岁。他在布莱克本流浪者队和莱斯特城队都不是主力，伊普斯维奇队是他职业生涯的最后一站，如果还打不上主力，他就打算退役了。伊普斯维奇队确实成为史蒂芬森效力的最后一支球队，不过在这里，他取得了足球生涯最大的成功。

左边锋吉米·利德贝特是邓肯以 1750 英镑从布莱顿队签下的，加盟三周之后，拉姆塞就上任了。他本来司职内锋，但被改造成右边锋，与左边锋史蒂芬森搭档。伊普斯维奇队的边锋并非沿着边线突破、传中的传统边锋，拉姆塞要求两人回撤到中场，接应边后卫的传球，变身为现代型边前卫。

对于这种边锋回撤的新战术，利德贝特解释道："我回撤是为了接收来自防线的传球，对方边后卫不会跟太远来盯我，所以我有更多空间来跑动。当我再次带球向前时，就能将对方边后卫吸引过来，使他们离开原来的防守位置。这样一来，对方左路防区就会出现大空当，特德·菲利普斯就可加以利用。"从 1949 年开始效力伊普斯维奇队的约翰·埃尔斯沃斯说道："这个体系让对方的防守球员感到困惑，我们总是多出一个人来拿球，这个多出来的球员有更多时间去带球，我们可以充分利用他。"

03 无翼奇迹

同样是回撤拿球，史蒂芬森和利德贝特的特点和作用并不相同。后者更多是直接传中找前锋雷·克劳福德。

1958 年，克劳福德以 5000 英镑的身价从朴次茅斯队加盟，是拉姆塞最倚仗的锋线箭头，两度效力伊普斯维奇队，夺得七个赛季的队内最佳射手！克劳福德后来回忆道："一开始我根本不明白拉姆塞的体系到底是怎么回事，但当我融入球队后，我发现我们的边锋都回撤了，我的到来也是战术改变的一部分。"

史蒂芬森更多选择走脚下传球，将球交给另一名前锋菲利普斯。菲利普斯是10 号球衣的拥有者，身体强壮，速度快，最大特点是射门力量十足，甚至能在中线完成远射。举个例子：有一次拉姆塞要求球员加练射门，他自己站在球门前当门将，结果菲利普斯站了出来，一脚势大力沉的射门将球打进，吓得拉姆塞赶紧暂停训练！菲利普斯有个习惯，总是第一个到达训练场，在队友没来之前坐在办公室里看报纸。每天早晨拉姆塞来了，都要主动和他打招呼："早上好，特德"。菲

第六章 升班马奇迹

利普斯这才从报纸后面探出脑袋,答道:"早上好。"

不过,这种超越时代的战术并非每个伊普斯维奇队球迷都能理解,约翰·埃斯特伍德说道:"大多数球迷都不理解拉姆塞的战术,他们大声要求利德贝特回到边翼。"有球迷叫嚷道:"我们需要一个更快、更强壮的边锋,利德贝特速度慢,不能干净利落地过掉对方边后卫。"但拉姆塞并未受到影响,他为爱将辩护道:"我们对利德贝特非常倚重,他很好地连接起了防守和进攻。"

边锋回撤战术来自拉姆塞在热刺队主帅罗维手下效力时的感悟,在伊普斯维奇队取得成功后,他将它带到了英格兰队,阿兰·鲍尔和马丁·彼得斯成了英格兰队里的利德贝特和史蒂芬森。最终,拉姆塞凭借这一战术率领英格兰队夺得球队历史上第一个世界杯冠军,因此,这一战术也被誉为"无翼奇迹"。

04

一步登天

别忘了,"拖拉机男孩"可是以升班马身份夺冠的,更别忘了赛季开始前,其夺冠赔率是 1 赔 100!所以这次夺冠,堪称英格兰足球历史上最伟大的奇迹之一。

第六章 升班马奇迹

在拉姆塞的率领下，伊普斯维奇队在1956—1957赛季以第三级别联赛冠军的身份升入英乙，接下来三个赛季，则分别获得英乙第8名、第16名和第11名。1960—1961赛季，边锋回撤战术打磨成熟，"拖拉机男孩"开始冲击英甲。

首轮联赛，伊普斯维奇队客场3比1击败莱顿东方队，之后4比0大胜布莱顿队、5比2战胜利兹联队、4比2击败斯托克城队、6比2再度战胜莱顿东方队。最终，"拖拉机男孩"42战取得26胜7平9负，拿到59分，进100球、失55球，以1分优势力压谢菲尔德联队，夺得英乙冠军，两队携手升入英甲。

这不仅是伊普斯维奇队第一次夺得英乙冠军，也是第一次升入顶级联赛。作为升班马，"拖拉机男孩"会取得怎样的成绩呢？至少博彩公司对其信心非常不足，夺得英甲冠军的赔率竟是1赔100！而拉姆塞的球队开局也非常不利：首轮客场0比0战平博尔顿队，第二轮客场3比4负于伯恩利队，第三轮主场2比4不敌曼城队，前三轮难求一胜！

直到第四轮，伊普斯维奇队主场再战伯恩利队，双方在前20分钟就打入4球，"拖拉机男孩"最终以6比2的比分斩获球队在1961—1962赛季的第一场胜利。取得首胜后，伊普斯维奇队找到状态，取得四连胜，包括3比1西布罗姆维奇队、2比1布莱克本流浪者队、4比1伯明翰队。不过第8轮客场2比5惨败于埃弗顿队，令伊普斯维奇队的信心再遭重创，遭遇3轮不胜。

1961年10月，伊普斯维奇队主场对阵上赛季"双冠王"热刺队，这场比赛对于拉姆塞的意义自然非同寻常。热刺队边锋克里夫·琼斯头球梅开二度，但伊

04 一步登天

普斯维奇队很快就扳回一城。关键时刻，克劳福德挺身而出，两分钟内梅开二度。此后热刺队发起猛攻，但门将罗伊·贝利表现出色，做出多次精彩扑救——3比2，伊普斯维奇队神奇逆转，反败为胜。

因为这场胜利，伊普斯维奇队得到了整个英格兰足坛的关注。1比0击败诺丁汉森林队，令伊普斯维奇队首次杀入英甲积分榜前三，为球队第200次出战的菲利普斯打入制胜球。此后，伊普斯维奇队虽然在客场0比2输给狼队，但4比1击败曼联队、3比0完胜卡迪夫城队、5比2大胜切尔西队，令"拖拉机男孩"真正成为冠军的有力争夺者，暂时屈居伯恩利队之后，排名英甲次席。

进入1962年，伊普斯维奇队1比3不敌伯明翰队，足总杯上也被诺维奇队淘汰。但从那之后，伊普斯维奇队开启了神奇之旅：从第27轮4比2战胜埃弗顿队开

第六章 升班马奇迹

始,最后16轮联赛"拖拉机男孩"竟然只输了1场!

第30轮主场4比0大胜谢菲尔德联队,是伊普斯维奇队的神奇之旅中最经典的战役,其在这场大胜中展现出的霸气令对手折服,埃尔斯沃斯回忆道:"当赛后我走下球场的时候,乔·肖(对方后卫)问我:'你们总是踢得这么出色吗?'我回答是的,于是他严肃地说:'我认为你们能走下去,并赢得英甲冠军。'"

第32轮,伊普斯维奇队客场3比1战胜热刺队,赛季内"双杀"对手,克劳福德打入一球,菲利普斯梅开二度。同一轮,领头羊伯恩利队被卡迪夫城队逼平,"拖拉机男孩"落后的分差变为1分。不过接下来的两场联赛,伊普斯维奇队分别与布莱克浦队、诺丁汉森林队战平,落后的分差变为2分。好在对阵莱斯特城队一战,"拖拉机男孩"2比0取胜,终于拿下三轮来的第一场胜利。

3月的最后一战,伊普斯维奇队主场3比2击败狼队,由于伯恩利队要踢足总杯半决赛,所以凭借这场胜利,"拖拉机男孩"暂时登上英甲积分榜榜首!这可是球队历史上的第一次。不过伯恩利队也只落后1分,而且手握四场补赛的机会,冠军的最终归属还很难预料。

果然,下一轮伊普斯维奇队就在客场0比5惨败于曼联队脚下,10场不败终结,伯恩利队趁机重新登顶。若非博比·查尔顿三次射门击中球门立柱,伊普斯维奇队会输得更惨。

倒数第五轮,伊普斯维奇队主场1比0小胜卡迪夫城队,同一轮伯恩利队输给曼联队,"拖拉机男孩"再次占据榜首宝座。接下来主场对阵阿森纳队,伊普斯维奇队两球落后,但利德贝特和菲利普斯的进球帮助球队取得2比2平局,拿到极为关键的1分。仅仅24小时之后,伊普斯维奇队又在客场迎战切尔西队,这一次,"拖拉机男孩"依然是在0比2落后的情况下最终打成平局,让人感叹伊普斯维奇队绝地反击的能力。

两天后,伊普斯维奇队继续在伦敦作战,客场挑战阿森纳队,这一次"拖拉

机男孩"干净利落地以 3 比 0 拿下比赛。伯恩利队被布莱克浦队逼平，落后 2 分，但他们还剩两场比赛，而伊普斯维奇队只剩下一场。由于伯恩利队拥有较大的得失球优势，所以只要其取得两连胜，那么即便伊普斯维奇队最后一轮取胜，两队平分，夺冠的依然会是伯恩利队。

伊普斯维奇队想要夺冠，除了末轮必胜之外，还得寄希望于伯恩利队在最后两轮中至少有一场不胜。"拖拉机男孩"率先完成自己的任务，最后一轮 2 比 0 击败阿斯顿维拉队，接下来就看伯恩利队的了。结果，伯恩利队竟然在主场被切尔西队 1 比 1 逼平。这就意味着伊普斯维奇队夺得了 1961—1962 赛季的英甲冠军！

第六章 升班马奇迹

别忘了,"拖拉机男孩"可是以升班马身份夺冠的,更别忘了赛季开始前,其夺冠赔率是1赔100!所以这次夺冠,堪称英格兰足球历史上最伟大的奇迹之一。

然而夺冠之后,伊普斯维奇队的危机也随之出现了。夺冠四个月后,"拖拉机男孩"就在1962年慈善盾杯中1比5惨败于热刺队脚下。尼科尔森用实际行动证明他已经知道怎么对付拉姆塞的边锋回撤战术:安排边前卫紧盯回撤的边锋,边后卫和中前卫一起盯防克劳福德和菲利普斯,伊普斯维奇队完全受制,遭遇惨败。

在慈善盾杯遭到打击之后,伊普斯维奇队在1962—1963赛季开局不利,前3轮1平2负。然而这还只是开始,前16轮比赛"拖拉机男孩"竟然只赢了2场!当然,参加欧冠也让其有所分心,伊普斯维奇队客场4比1、主场10比0大胜佛罗里亚纳队,但第二轮首回合在客场0比3输给AC米兰队,虽然次回合回到主场2比1取胜,但最终还是以2比4的总比分被淘汰出局。

1962年12月,伊普斯维奇队再次面对热刺队,这次输得更惨:0比5。从那之后到第二年3月中旬,"拖拉机男孩"一场未胜,客场1比6惨败给西布罗姆维奇队,2比4遭到热刺队"双杀"。从3月下旬开始,任务由卫冕变成保级的伊普斯维奇队终于找回一些状态,最后12轮只输了2场,最终获得第17名,惊险保级成功。

保级成功并不意味着万事大吉,因为拉姆塞在1962年10月25日被任命为英格兰队的新任主帅,尽管他在1963年5月才正式上任,但主帅的离开对球队的打击在这个赛季充分体现出来。从伊普斯维奇队到英格兰队,拉姆塞迈上封神之路,但失去了拉姆塞的伊普斯维奇队却开始走下坡路。1963—1964赛季,"拖拉机男孩"排名垫底,惨遭降级,虽然在1967—1968赛季夺得英乙冠军重回英甲,但再也没有重回巅峰,最高排名只有第二名。

1985—1986赛季结束后,伊普斯维奇队再次降级,但其赶在英超创立前成功升级,成为英超元年的参赛球队之一。不过在英超征战仅仅三个赛季,"拖拉机

04 一步登天

男孩"就再次降级。2000—2001赛季，身为英超升班马的伊普斯维奇队在前球员乔治·伯利的执教下变身黑马，获得第5名的佳绩，但在2001—2002赛季就迅速被打回原形，以第18名的身份降级。

2024—2025赛季，伊普斯维奇队终于重返英超，只是不知道这一次能待多久。而为"拖拉机男孩"带来第一座顶级联赛冠军奖杯的阿尔夫·拉姆塞爵士，已经于1999年4月28日去世，享年79岁。

Menzies Mickle
NOR
www.menziesho

第七章
"公羊"怒角

对"德比"这个名词，球迷自然是耳熟能详，因为英格兰足坛乃至世界足坛有太多经典的德比大战。但德比郡队这支球队，可能很多人就不太熟悉了。事实上，这支球队也曾经拥有过属于自己的光辉岁月，而它的缔造者，就是后来在诺丁汉森林队上演更伟大奇迹的一代名帅——布莱恩·克拉夫。

01

沉默的"公羊"

在纽博尔德的带领下,德比郡队不仅联赛排名稳居中游,更在1897—1903年间三次杀入足总杯决赛,可惜都屈居亚军。

01 沉默的"公羊"

德比郡队绰号"公羊",成立于1884年。说起它的历史,要追溯到1870年创建的德比郡板球俱乐部。由于19世纪末的冬天没有板球比赛,为了不让球员和球迷无事可做,这家板球俱乐部决定"跨界"参加足球赛事,甚至还参加了1880—1881赛季足总杯,只不过连第一轮都未闯过。然而必须指出的是,当时参加足总杯的足球球员实际上还是板球球员。

1884年,德比郡板球俱乐部决定辟出分支,成立一支足球队。在米德兰铁路公司的银行书记员威廉·莫雷的牵头下,德比郡队诞生了。

1888年英甲创立时,德比郡队乃12支创始球队之一,其第一场联赛就赢得分外刺激:在0比3落后的情况下上演6球大逆转,最终6比3击败博尔顿队!不过好景不长,在1888年9月到12月间,"公羊"惨遭八连败,赛季结束后仅排名第10位,换句话说,也就是倒数第三。

尽管首个赛季表现糟糕,但德比郡队在1889年出人意料地从普雷斯顿队签下约翰·古达尔。在接下来的三个赛季里,古达尔都是德比郡队的最佳射手,但球队的排名始终在中下游徘徊,未能取得历史性的突破。

1891年,德比郡队与1881年成立的德比米德兰队合并。从那里,德比郡队得到了一个17岁的小伙子,他的名字叫史蒂夫·布卢默。布卢默当时还是业余球员,不仅踢足球,还打棒球和板球,甚至夺得过棒球比赛冠军!直到1892年,他才转为职业球员,从此开始了传奇的足球生涯。在古达尔的帮助和指导下,这名天赋异禀的年轻前锋迅速成长起来,再加上苏格兰内锋约翰尼·麦克米伦的加盟,

第七章 "公羊"怒角

德比郡队进攻火力大爆发，于1895—1896赛季勇夺英甲亚军，取得建队以来的最高名次。

与此同时，德比郡队历史上的另一位重要人物登台亮相，他就是亨利·纽博尔德。在他到来之前，德比郡队的比赛阵容都是由委员会来选定。1896年，年轻时当过钢铁厂工人和会计的纽博尔德担任德比郡队的助理秘书，并在这个位置上展露出执教才华。所以在1900年，他被任命为主教练，成为德比郡队历史上第一位正式主帅。在纽博尔德的带领下，德比郡队不仅联赛排名稳居中游，更在1897—1903年间三次杀入足总杯决赛，可惜都屈居亚军。而到1906年，布卢默已经连续12个赛季蝉联队内最佳射手！

1906年，是德比郡队历史的重要转折点。由于财政方面的巨大压力，球队高层只能将布卢默以750英镑的身价交易给米德尔斯堡队，纽博尔德对于这个决定非常不满，一气之下就离开了球队，前往曼城队执教。结果在1906—1907赛季结束后，"公羊"38战只取得9胜9平20负，仅获得第19名，历史上第一次从顶级联赛降级！

危难之际，德比郡队选择信任纽博尔德的接班人——苏格兰人吉米·梅思文。梅思文在1891年以球员身份加盟德比郡队，司职后卫，是纽博尔德手下不可或缺的核心球员。纽博尔德离开后，球队高层立刻让他接班，他虽然率领"公羊"降级，但仍然得到球队管理层的支持。而在英乙的前四个赛季，德比郡队一直保留着升级希望，可总是功败垂成，唯一的好消息是"公羊"在1908—1909赛季杀入足总杯半决赛。梅思文知道，德比郡队距离升级还差了一个核心球员，所以在1910年，在他的极力劝说下，布卢默决定重返"公羊"。

布卢默的回归给球队注入一针强心剂。尽管已经36岁，他依旧是队内当仁不让的头号射手。1911—1912赛季，布卢默打入19球，帮助德比郡队夺得英乙冠军，时隔五年重新升入英甲！

01 沉默的"公羊"

不过在顶级联赛待了两个赛季之后,"公羊"再次降级,40岁"高龄"的布卢默终究无法再当"救世主",于1913—1914赛季结束后宣布退役。漫长的球员生涯里,布卢默在535场英甲比赛中共打入314球,成为英格兰顶级足球联赛的历史第二射手,仅次于吉米·格里夫斯。此外,他还为英格兰队出场23次,贡献28球,场均进球数超过1球。

退役后,布卢默前往德国柏林,担任不列颠尼亚柏林92队的主教练。然而在他到达柏林仅仅三周后,第一次世界大战就爆发了,布卢默被关入柏林的一所集中营。在集中营里,他与"狱友"一起踢足球、打板球,用出色的球技征服了队友,而当他在1918年3月离开时,大家还组织了一场告别足球赛,以表达对他的尊敬。

一战结束后,布卢默前往荷兰和西班牙执教,成为一名"足球传教士",甚至还率领皇家联盟队夺得西班牙国王杯冠军!1925年,他结束了在欧洲大陆的执教旅程回到英国,最终于1938年去世,享年64岁。直到今天,布卢默仍是德比郡队历史上最伟大的球星之一,享有在球场外树立半身像的殊荣,同时,他还是英格兰足球名人堂的成员。

回过头来再说德比郡队。1914—1915赛季,"公羊"夺得英乙冠军,仅用一

第七章 "公羊"怒角

个赛季就重返英甲。然而一战爆发，联赛停摆，直到1919年才重新恢复。长时间的停摆让梅思文不得不面临重组球队的困境，德比郡队的成绩也就可想而知：1919—1920赛季，第18名，勉强保级；1920—1921赛季，第21名，不幸降级。雪上加霜的是，1922年6月，梅思文宣布辞职，结束在"公羊"长达31年的球员和教练生涯。在"公羊"球迷的心目中，吉米·梅思文已经成为德比郡队的代名词，哪怕他从来没有为球队带来重大赛事的冠军。

02

短暂的辉煌

事实证明，德比郡队的辉煌极其短暂，犹如昙花一现。

第七章 "公羊"怒角

梅思文的接任者是塞西尔·波特，他未能率领德比郡队成功升级，但在1925年，接替名帅赫伯特·查普曼执教哈德斯菲尔德队后，一举问鼎英甲。接替波特担任德比郡队主帅的是乔治·约比，约比曾在纽卡斯尔联队拿到英甲冠军，不过他作为替补，7个赛季仅出场53次。1913年加盟阿森纳队，约比有幸创造历史，成为第一个在海布里球场进球的阿森纳队球员，也成为第一个在海布里球场受伤被抬下场的球员。

总之，约比的球员生涯不算成功。1920年，他开始在北安普顿队担任球员兼教练，正式开启执教生涯。之后执起狼队教鞭，率队夺得第三级别联赛冠军，重返英乙。但夺冠后约比突然辞职，竟然跑去开起了酒店！直到1925年，德比郡队送来一纸聘书，赋闲在家的他才决定重新出山。

约比这一出山，就创造了德比郡队历史上的第一个黄金时期。执教第一个赛季，他率领"公羊"以英乙亚军身份重返英甲，从那时直到第二次世界大战爆发前，德比郡队一直在顶级联赛征战，并两次夺得英甲亚军。

02 短暂的辉煌

那一时期，德比郡队阵中涌现出一批出色的球员：球队队长杰克·巴克尔，约比花费 3500 英镑从布莱克浦队交易来、连续 5 年蝉联队内最佳射手的前锋哈里·贝德福德，和巴克尔同一天加盟、贝德福德离队后挑起锋线大梁的中锋杰克·鲍尔斯，以及约比仅花 300 英镑交易来，后来成为英格兰传奇右边锋的萨米·克鲁克斯等球员。

正当"公羊"球迷期待约比打造出一支冠军球队时，二战爆发后的 1941 年，英足总指控约比在为德比郡队引进球员时非法支付给球员额外的费用，约比因此遭到终身禁赛的严惩。1945 年，约比的终身禁赛被解除，于 1952 年开始执教曼斯菲尔德城队，但仅仅一个赛季后就宣告正式退休。1962 年 5 月，乔治·约比去世，享年 76 岁。

约比未竟的事业，由斯图尔特·麦克米伦来完成。麦克米伦年轻时打过板球，

第七章 "公羊"怒角

也踢过足球，球员生涯几乎没有可炫耀的事迹，但与德比郡队很有缘分：他的父亲就是前文提到的约翰尼·麦克米伦，他的足球生涯也是在"公羊"起步，不过只在1914—1915赛季出场1次。而当约比被禁赛，其继任者泰德·马格纳又难堪大任时，德比郡队高层突然想起麦克米伦，于1946年1月决定给他一次机会，此时距离他1929年退役，已长达17年。

麦克米伦上任时，二战刚刚结束，联赛还未重新开始，但足总杯已率先恢复。令人意想不到的是，第一次拿起教鞭的麦克米伦竟然率领德比郡队一路杀入足总杯决赛。可以说这里面有很大的运气成分，因为战争的创伤令许多强队不得不经历重建，"公羊"才有了乱世称雄的机会。

不过当时的德比郡队阵中，确实有几位实力出众的球员，比如：彼得·多赫蒂，他是脚下技术非常出色的爱尔兰左内锋；莱奇·卡特，多赫蒂的搭档，他是英格兰人，过人技巧纷繁错杂，尤擅转身和变向；（英格兰传奇球员斯坦利·马休斯赞道："我觉得莱奇·卡特是我的理想搭档，他在禁区里面对两三名后卫的夹击，仍能找到空间射门。"）还有杰基·斯坦普斯，他的绝招是大力射门，在1945—1946赛季的足总杯决赛，正是他梅开二度帮助"公羊"夺冠。为了褒奖他的贡献，德比郡队的"年度最佳球员奖"就以斯坦普斯的名字来命名。

德比郡队在决赛中的对手是查尔顿竞技队，比赛在最后时刻迎来高潮：第85分钟，对方球员伯特·特纳送上乌龙球大礼，但仅1分钟他就将功补过，竟然成为足总杯决赛历史上第一位攻破两队球门的球员！进入加时赛，比赛变成"公羊"发威的舞台，第92分钟多赫蒂率先破门，第97分钟和第106分钟斯坦普斯连下两城，最终德比郡队4比1战胜对手，夺得球队历史上第一个重要赛事的冠军！

02 短暂的辉煌

夺冠后,麦克米伦意气风发,球队高层对他的支持力度也是空前之大。多赫蒂和卡特离队后,他先后以15500英镑和24500英镑交易来苏格兰球员比利·斯蒂尔和曼联队球星约翰尼·莫里斯,后者的转会费创造了当时英格兰足球联赛的新纪录。然而两人在"公羊"的表现都不算成功,斯蒂尔还因为他那招摇的作风和为报纸写专栏爆料赚稿费的行为,遭到球队内部的一致排斥。

事实证明,德比郡队的辉煌极其短暂,犹如昙花一现。英甲重新开始后,"公羊"首个赛季只获得第14名,虽然接下来两个赛季分别获得第4名和第3名,但大起之后又是大落:1952—1953赛季,42场联赛德比郡队只赢下11场,最终以第22名的身份降入英乙。麦克米伦也随之下课,此后再也没有当过教练。麦克米伦的执教生涯虽短,却因一个足总杯冠军而变得颇具传奇性。

03

名帅的登场

"公羊"球迷猜测:按照球队的习惯,莫非又要找一位曾在球队效力过的人来担任新帅?没想到,球队找来了布莱恩·克拉夫。

03 名帅的登场

麦克米伦下课后,前队长杰克·巴克成为继任者,可他非但没率队升级,还在1954—1955赛季后将德比郡队带入第三级别联赛,他的下课是必须的。同样是德比郡队前球员的哈里·斯托勒把"公羊"带回英乙,但想重返英甲力有未逮。接下来的一位主帅仍是德比郡队前球员:蒂姆·沃德。他于1962年正式上任,但执教不久就吐槽道:"没有董事会的同意,你连在信封上贴一张3便士的邮票都不行。他们总告诉我有钱可用,但从来不告诉我到底能用多少!"

当时,德比郡队有个7人组成的董事会,大权独揽,无论是斯托勒还是沃德,

第七章 "公羊"怒角

都无法打破这种独裁，只能在董事会的阴影下执教。这当然不会有什么好效果，沃德未能带领德比郡队升级，于 1967 年 5 月被解雇。"公羊"球迷猜测：按照球队的习惯，莫非又要找一位曾在球队效力过的人来担任新帅？没想到，球队找来了布莱恩·克拉夫。

提到克拉夫的名字，资深球迷首先会想到他率领诺丁汉森林队蝉联欧冠冠军的奇迹，但他的成名之地，其实在德比郡队。1935 年 3 月 21 日，克拉夫出生于米德尔斯堡，他的父亲是当地糖果商店的一个员工，他是九个孩子里的老六，小时候就喜欢打板球和踢足球，初中毕业后在帝国化学工业公司工作，随后应征入伍，成为皇家空军的一名军人。

1955 年退役后，克拉夫加盟家乡球队米德尔斯堡队，开启足球生涯。当时还有一名球员从考文垂队来到米德尔斯堡队，他的名字叫彼得·泰勒。泰勒比克拉夫年长 7 岁，谁也没想到，未来两人会成为足球历史上颇为传奇的一对教练搭档。

当时米德尔斯堡队身处英乙，在英乙中，克拉夫是独霸一方的超级射手，从 1956—1957 赛季开始，他连续四个赛季打入 40 球及以上，场均进球数保持在 1 球左右，哪怕是离队前的 1960—1961 赛季，42 场比赛也能攻入 36 球。帽子戏法对他来说是平常事，共有 11 次，另有 5 次"大四喜"，还在一场比赛中独中五元，其中 3 球是在 5 分钟内打入的。

尽管克拉夫进球如麻，还因此当上队长，但球队的成绩未能取得突破，令他非常不满。克拉夫认为这都是后卫的错，自己在前场进一球，他们就在后场丢一球，因此他与队友的关系非常紧张。于是 9 名球员联名上书，要求主帅将克拉夫的队长袖标撸下，甚至还有人威胁说他不走自己就走！不过也有人支持克拉夫，就是球队的门将泰勒，两人从此结下了友谊。

1961 年夏天，克拉夫递交转会申请，转投米德尔斯堡队的死敌桑德兰队。在桑德兰队，他遇到了阿兰·布朗。布朗是一位非常严厉的教练，他认为主帅必须

03 名帅的登场

具有权威性，球员对其要有畏惧感，于是制定了一套非常严格的行为规范，一旦有人触犯就要受到惩罚。有一次，克拉夫在训练中和队友说话，就遭到教练的重责。布朗的执教风格对克拉夫的影响非常大，日后克拉夫从事教练行业，人们依然能从他身上看到其恩师的影子。

在桑德兰队，克拉夫继续视进球如拾草芥，但膝伤令他于1964年宣布退役。退役后，克拉夫在桑德兰青年队开始执教生涯，几个月后就收到哈特尔浦联队的邀约，第一次担任主帅。此时，30岁的克拉夫想起自己的朋友泰勒。泰勒于1961年离开米德尔斯堡队，1962—1965年在小球队担任球员兼教练。克拉夫邀请他担任自己的助理教练，泰勒欣然应允，两人开启执教生涯的第一次合作。

哈特尔浦联队的财政状况窘迫，主席更是一个吝啬的人，克拉夫甚至还得自己申请驾照，以便开车带球队去客场比赛。尽管如此敬业，但在1967年5月，与主席闹翻的克拉夫和泰勒还是被球队解雇。正巧此时德比郡队在寻找新任主帅，于是两人走马上任，开始书写一段传奇。

德比郡队的董事会依然想干政，但初来乍到的克拉夫态度非常强硬，明确表示董事会的7个人里他讨厌5个，只有2个还算不错，所幸，这两位也都非常支持他。克拉夫的第一个任务是重组球队，最快速的办法当然是引入新球员。第一个加盟的是苏格兰前锋约翰·奥哈雷，他身材高大，速度偏慢，一开始受到球迷的质疑，但很快就证明了自己的实力。英格兰队主帅阿尔夫·拉姆塞看过他的比赛后，甚至为奥哈雷不是英格兰人而感到遗憾。

另一位重要的新援是中前卫罗伊·麦克法兰。他加盟时只有19岁，但克拉夫和泰勒在执教哈特尔浦联队的时候就相中了他，泰勒没参加克拉夫在德比郡队的执教首秀，只为去现场观察麦克法兰。不久后，德比郡队就以24000英镑的转会费将他签下。当时与"公羊"竞争的还有利物浦队和埃弗顿队，所以泰勒非常自豪地表示："他是我的第一个大发现。"另外还有阿兰·辛顿，一位球风优雅迷人、

135

第七章 "公羊"怒角

进球能力出众的左边锋，克拉夫花了 30000 英镑将他从诺丁汉森林队带来。

德比郡队原来的首发11人中，克拉夫只留下4人：凯文·赫克托后来与奥哈雷组成黄金搭档；罗恩·韦伯斯特是防线大闸，整个职业生涯都奉献给了"公羊"；阿兰·杜尔班司职左内锋，后来担任队长；科林·鲍尔顿是门将，在德比郡队效力14年之久。

1967—1968 赛季，克拉夫带领德比郡队获得英乙第 18 名，这一成绩说明他的换血力度还不够。1968 年夏天，克拉夫从旧主哈特尔浦联队那里交易来中场球员约翰·麦克格文，这位传奇球星日后还将跟随克拉夫加盟利兹联队和诺丁汉森林队。两人结缘很早，麦克格文 16 岁在校队踢球时就见过克拉夫，他主动上前打招呼，可克拉夫的回应是："孩子，把你该死的头发给我剪了去！"

后来执教哈特尔浦联队时，克拉夫允许不到 20 岁的麦克格文去进修学业，一周四次。麦克格文的父亲在他很小的时候就去世了，所以他把克拉夫当成第二个父亲。不过他也承认两人在训练场上的关系并不亲密，因为克拉夫一视同仁，对任何人都要求极严，麦克格文自认从未受过优待。另一个从哈特尔浦联队加盟的克拉夫旧将是莱斯·格林，一名个头不高但反应奇快、弹跳力惊人的门将。

同年，克拉夫还引进了另一位传奇球星，他就是大卫·麦凯。克拉夫和泰勒早就希望得到麦凯，在得知他有意离开热刺队时，两人先说服热刺队主帅尼科尔森放人，紧接着亲自动员麦凯本人。当时麦凯的想法是回苏格兰当一名助理教练。面对克拉夫的邀请，他提出条件："如果给我 15000 英镑的签字费，我才会去德比郡队。"克拉夫说他搞不到 15000 英镑，麦凯准备送客，谁料克拉夫紧接着来了一句："但我能搞到 14000 英镑。"麦凯被逗乐了，遂决定加盟。当然，签字费是一方面，克拉夫告诉他德比郡队有一批很有天赋的年轻球员，正需要他这样的老将来带领，这也是麦凯动心的重要原因。

03 名帅的登场

麦凯已经 34 岁，所以克拉夫决定不再让他担任边前卫，而是充当清道夫的角色，他与韦伯斯特、麦克法兰一起巩固了德比郡队的中后场。麦凯堪称克拉夫重组球队的最后一块拼图，有了他，"公羊"就可以向英甲发起冲击了。

果然，在 1968—1969 赛季，德比郡队 42 场联赛取得 26 胜 11 平 5 负的骄人战绩，以英乙冠军的身份重返英甲。1969—1970 赛季，"公羊"以升班马身份高居英甲第 4 名，获得参加下赛季欧洲赛事的资格，震惊整个英格兰足坛。而其之所以能成为最大黑马，主要是因为 42 场仅丢 37 球的后防线。不过由于财政上的违规行为，德比郡队被禁止参加下赛季的欧洲赛事，并被罚款 1 万英镑。

为了能更进一步，克拉夫继续引援，1970 年从普雷斯顿队引进中场阿奇·戈恩米尔。他的进攻实力非常强，受到当时的英甲冠军埃弗顿队的追求。为了得到他，克拉夫特意开车到戈恩米尔家亲自邀请，戈恩米尔一开始是拒绝的，克拉夫威胁道：

第七章 "公羊"怒角

"如果你不答应,我就把车停在你家外面,然后睡在车里!"最后,戈恩米尔的妻子出面化解尴尬,邀请克拉夫进门。两人畅谈一夜,第二天早晨,戈恩米尔答应转会。

1970—1971赛季,德比郡队排名下滑至第9,这个成绩球迷还是可以接受的,但克拉夫并不满意。1971年1月,他想要引进桑德兰队的后卫科林·托德。当时有很多球队都在追求托德,克拉夫先明确表示:"我们不会要托德,我们负担不起他的转会费。"然而话刚说完,他就在同一天将托德签下,转会费为17.5万英镑,创造了当时的英甲纪录。托德加盟后与麦克法兰组成搭档,弥补了麦凯离队的损失,进一步提升了球队的防守实力。

1971—1972赛季,攻防两端趋于完美的德比郡队已经是球迷眼中的夺冠热门球队,克拉夫也没有让球队失望,开局就是12轮不败,直到10月份输给曼联队,才迎来赛季首败。"公羊"的主要争冠对手是利兹联队、利物浦队和曼城队。在这一赛季的首回合较量里,克拉夫的球队先后输给了利物浦队和利兹联队,所幸3比1击败曼城队。1972年4月,德比郡队2比0战胜最大竞争对手利兹联队,在冠军争夺中占据微弱优势。

倒数第二轮,德比郡队迎战只剩一场比赛的曼城队,结果客场0比2告负。如此,曼城队的最终积分锁定为57分,而当时德比郡队积56分。最后一轮"公羊"面对的是同积56分的利物浦队,只有获胜才能保住夺冠希望。

03 名帅的登场

关键时刻麦克格文挺身而出，为德比郡队打入制胜一球。于是，"公羊"的赛季征程结束，积分为 58 分。利物浦队还有一轮，已经夺冠无望，但积 57 分的利兹联队还有机会：只要其战平狼队，就能以得失球的优势力压德比郡队，夺得英甲冠军。然而利兹联队的美梦竟然破灭了，在客场被狼队 2 比 1 击败，成全了德比郡队的冠军大业！

04

最后的怒角

虽然未能以球员身份帮助德比郡队夺得英甲冠军,但身为教练,大卫·麦凯做到了。

04 最后的怒角

夺得首个顶级联赛冠军后，德比郡队本该再接再厉，力争创造一个王朝。然而偏在此时，克拉夫与董事会的矛盾终于爆发。1972年8月，董事会要求克拉夫带领德比郡队到荷兰和联邦德国参加友谊赛，这遭到克拉夫的断然拒绝。他给出的理由是要陪伴家人，让泰勒代替他带队前往欧洲大陆，这令球队主席萨姆·朗森很是恼火。

还是在8月，克拉夫和泰勒在没跟董事会打招呼的情况下，以创纪录的22.5万英镑转会费从莱斯特城队引进后卫大卫·尼什，双方的分歧因此越来越大。9月，在输给曼联队之后，克拉夫公开批评德比郡队球迷只会在球队赢球时助威："我想要在输球时也听到他们的声音，他们太不光彩了。"克拉夫还公开抨击董事会的政策，将双方的矛盾公之于众。

1973年4月，德比郡队一路杀入欧冠半决赛，却被拥有迪诺·佐夫和法比奥·卡佩罗的尤文图斯队所淘汰。赛后，愤怒的克拉夫对着意大利媒体吼道："我不想和骗人的杂种说话。"他甚至捡起老话题，质疑意大利这个国家在二战中投奔纳粹德国的行为。这番言论让德比郡队的形象严重受损，最终导致克拉夫与球队高层彻底决裂。

1973年10月15日，克拉夫和泰勒辞职离开德比郡队，"公羊"的"克拉夫时代"宣告结束。克拉夫的继任者是吉米·戈登，他充当"救火"教练的角色，在任上待了8天就去追随克拉夫和泰勒了。戈登是一名优秀的训练员，德比郡队的日常训练和场上战术基本都由他来安排，后来在利兹联队和诺丁汉森林队，他还是

141

第七章 "公羊"怒角

克拉夫和泰勒的左膀右臂。

1973年10月23日，大卫·麦凯成为德比郡队的新任主帅，这次是正式的。前文交代过，麦凯早就有当教练的打算。1971年，已经37岁的他离开德比郡队加盟斯文登队，担任球员兼主帅。仅仅一个赛季后，他又转而执教诺丁汉森林队。当老东家需要他的时候，麦凯果断辞职，重返德比郡队。

虽然克拉夫和泰勒已经离开，但他们留下的冠军班底大部得到保留，而曼城队的传奇球星弗朗西斯·李也于1974年夏天加盟，他与凯文·赫克托、罗杰·戴维斯组成锋线"三叉戟"。另一位在1974年到来的新援是擅长进球的苏格兰中场布鲁斯·里奥奇，1974—1975赛季英甲，他打入15球，是队内的联赛最佳射手。

1973—1974赛季，麦凯带领德比郡队拿到英甲季军；1974—1975赛季，"公羊"本想更上一层楼，岂料前7轮竟然只赢了1场，圣诞节来临时排名仅第10位。不过德比郡队突然后程发力，后20场比赛只输了3场，拿到40分里的30分。尤其是从1975年3月下旬开始，最后9轮比赛"公羊"取得6胜3平的不败战绩，最

04 最后的怒角

终以2分优势力压利物浦队，夺得球队历史上的第二个顶级联赛冠军！

虽然未能以球员身份帮助德比郡队夺得英甲冠军，但身为教练，大卫·麦凯做到了。接下来的一个赛季，德比郡队在他的率领下获得英甲第4名，足总杯杀入半决赛，欧冠则负于皇马队，止步第二轮。

然而，1976—1977赛季风云突变，由于开局不利，麦凯于11月被董事会无情解雇。随着麦凯的离开，德比郡队的黄金时代正式结束，之后的几个赛季，"公羊"的排名不断下滑，最终于1979—1980赛季结束后降入英乙，直到1987年才重返顶级联赛。

英超创立后，德比郡队曾于1996—2002年间征战6个赛季，而2007—2008赛季，是"公羊"最近一次在英超里亮相。

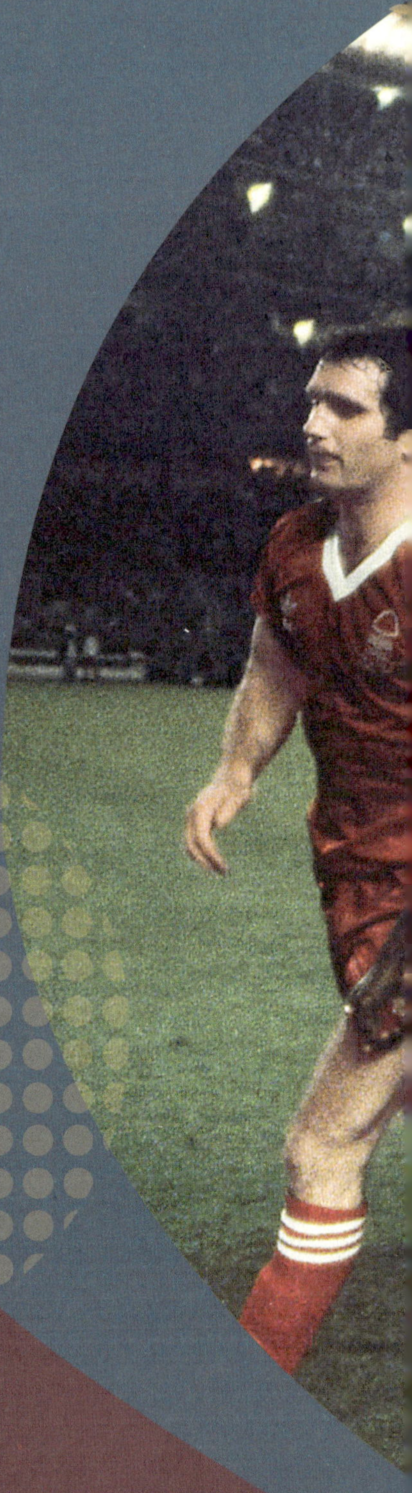

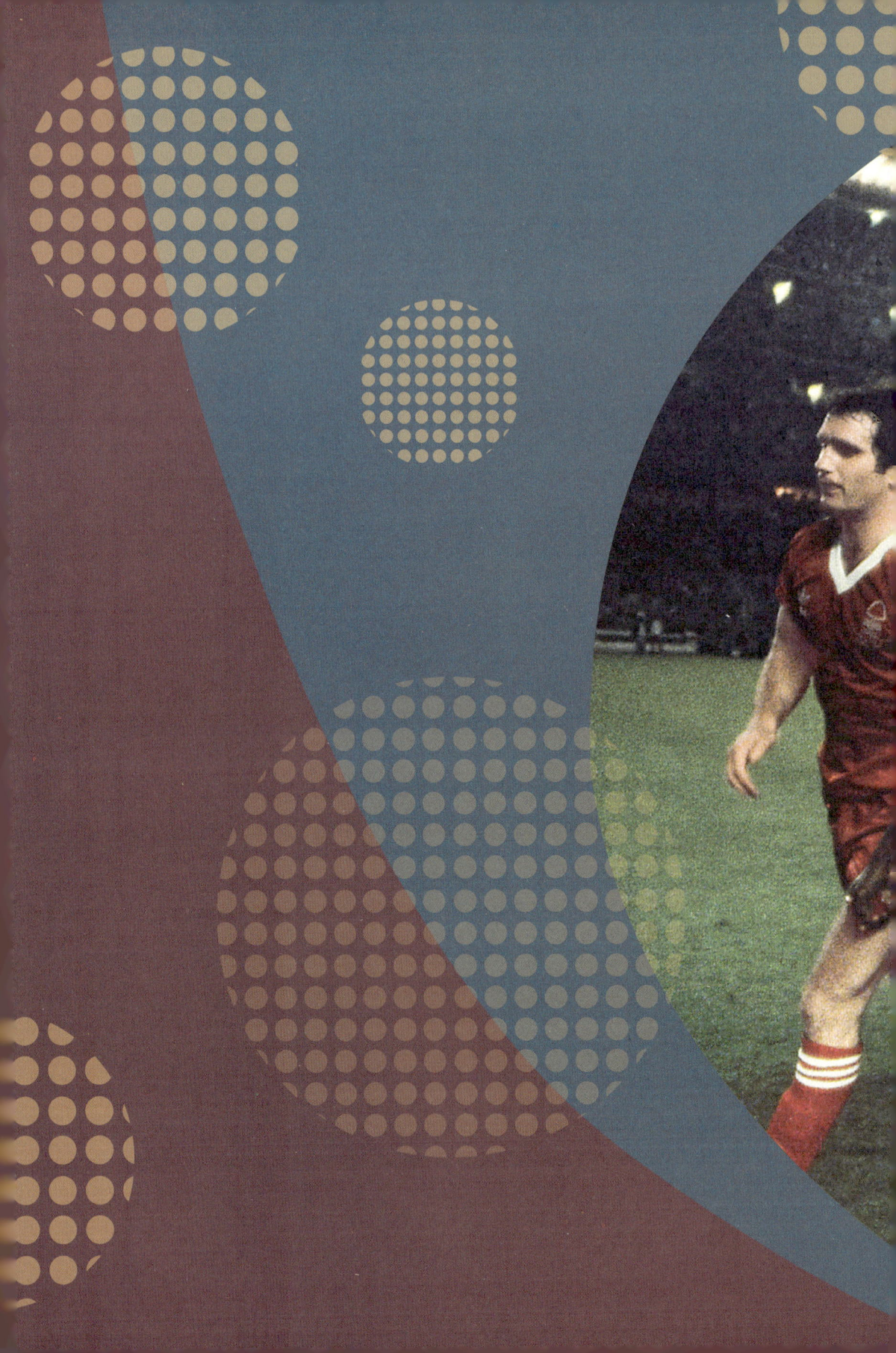

第八章

赤色森林

2015 年 10 月 13 日，一部名叫《我相信奇迹》的电影上映。影片讲述的是布莱恩·克拉夫率领诺丁汉森林队夺得英甲冠军、蝉联欧冠冠军的传奇事迹。那是英格兰足坛历史上不可思议的奇迹，而它的缔造者已被当代球迷所遗忘。为了这个被忘却的故事，让我们回首 20 世纪 70 年代那段属于"赤色森林"的光辉岁月。

01

奇迹前夜

加入英甲后,诺丁汉森林队一直徘徊在积分榜中游,既无冲击冠军的实力,也不用担心降级。

01 奇迹前夜

诺丁汉森林队成立于 1865 年，绰号"森林"。创立初期，诺丁汉森林俱乐部是一家综合性体育俱乐部，除了足球、曲棍球之外，还参与棒球赛事，拿到过 1899 年的全英棒球冠军。

由于成立时间很早，诺丁汉森林队经常扮演老大哥的角色，为一些新建立的足球队提供帮助。1886 年，诺丁汉森林队捐赠给阿森纳队一部分球衣，当时诺丁汉森林队的球衣是红色，所以红衣战袍就被阿森纳队当做主场球衣并沿用至今，利物浦队也曾接受过"森林"的球衣捐赠。

1889 年，诺丁汉森林队加入当年成立的足球同盟。足球同盟有 12 支球队，主要来自英格兰西北部和米德兰地区，不过并未维持多久。1892 年英乙创立后，大部分足球联盟的球队加入其中，另外一些强队甚至直接加入英甲，其中就包括获得 1891—1892 赛季足球同盟冠军的诺丁汉森林队。

加入英甲后，诺丁汉森林队一直徘徊在积分榜中游，既无冲击冠军的实力，也不用担心降级。从 19 世纪末到 20 世纪初，"森林"的最主要成就是夺得 1897—1898 赛季足总杯冠军。当时的主帅是哈里·哈斯拉姆，在他的带领下，诺丁汉森林队在足总杯决赛中 3 比 1 战胜德比郡队，内锋亚瑟·凯普斯梅开二度成为最大功臣，苏格兰中场约翰·麦克弗森也有一球入账。这是"森林"自建队以来获得的第一个重要赛事冠军。

第八章 赤色森林

1905—1906赛季，诺丁汉森林队陷入低谷，以英甲第19名的身份降入英乙。虽然第二个赛季就重新杀回英甲，但4个赛季后又再次降级。1911—1922年，"森林"在英乙征战7个赛季（其间联赛因一战而停摆），1922—1923赛季升级后不久又重蹈覆辙。此后诺丁汉森林队一路下滑，不仅再未升级，还在1948—1949赛季结束后降入第三级别联赛！

带队降级的是比利·沃克。沃克从1939年开始担任诺丁汉森林队的主教练，球员时代，他效力阿斯顿维拉队长达19年，曾在一场比赛里上演点球帽子戏法，18次代表英格兰队出场，打入9球。退役后，沃克先后担任谢菲尔德星期三队和切姆斯福德城队的主帅，带领前者在1934—1935赛季问鼎足总杯。沃克虽然率领诺丁汉森林队降入第三级别联赛，但依然得到管理层的信任，仅用两个赛季就

01 奇迹前夜

把球队带回英乙，并于 1956—1957 赛季夺得亚军，这样一来，诺丁汉森林队时隔 32 年后重返英甲。

1958—1959 赛季，诺丁汉森林队在沃克的带领下再次杀入足总杯决赛，这次"森林"面对的对手是卢顿队。开场 14 分钟，"森林"就凭借罗伊·德怀特和中锋汤米·威尔逊的进球取得领先，最终以 2 比 1 的比分击败对手，历史上第二次问鼎足总杯！

当然，现在回过头来看，那也是诺丁汉森林队距离现在最近一次夺得足总杯冠军。值得一提的是，进球功臣罗伊·德怀特是英国国宝级歌手艾尔顿·约翰的表兄，后者的本名叫雷金纳德·德怀特。进球后，罗伊·德怀特因骨折被迫离场，但在少一人的情况下，"森林"坚守住了胜利。

第八章 赤色森林

1960年，执教长达21年的比利·沃克宣布退休，他是英格兰足坛历史上第一位，也是唯一在二战前和二战后都拿到足总杯冠军的教练，执教诺丁汉森林队的总场次达到650场，在当时排名历史第一。1964年11月28日，比利·沃克去世，享年67岁，可以说，他是诺丁汉森林队的第一位伟大主帅。

沃克的继任者是苏格兰人安迪·贝蒂，但他带队成绩不佳，在1963年让位于约翰尼·凯里。凯里上任后引进多名新援，最重要的就是挖来了年仅18岁的前锋伊恩·斯托里-摩尔。摩尔为诺丁汉森林队效力10年之久，236场联赛攻入105球，直到1972年才离开"森林"加盟曼联队。

凯里时代最成功的一个赛季是1966—1967赛季，诺丁汉森林队42轮联赛拿到56分，以4分之差不敌如日中天的曼联队，屈居英甲亚军，这是"森林"自建队以来在顶级联赛中的最佳排名。也是在这个赛季，诺丁汉森林队闯进足总杯半决赛，可惜负于热刺队，无缘决赛。不过好景不长，接下来的一个赛季，"森林"的成绩遭遇大滑坡，跌至第11名，1968—1969赛季也开局不佳，凯里于1968年12月遭到解雇。

接班的苏格兰人马特·吉利斯完全不具备凯里的能力，1971—1972赛季将诺丁汉森林队带到英乙，此时"森林"已在顶级联赛连续征战15个赛季。吉利斯下课后，热刺队和德比郡队的前传奇球星大卫·麦凯前来执教，但他也未能拯救球队，待了不到一年就黯然离去。

接着是苏格兰人艾伦·布朗，1973—1974赛季他率队获得英乙第7位，保住帅位。但在1974—1975赛季，"森林"在前24轮比赛中只赢得9场，排名第11位，布朗终究难逃被炒鱿鱼的命运。那么新帅是谁呢？诺丁汉森林队的"9人委员会"选择了刚从利兹联队下课的布莱恩·克拉夫。

02

奇迹缔造者

从秉性和行事风格来看,克拉夫就像弗格森和穆里尼奥的结合体,他秉持的第一条原则是教练至上,拥有绝对权威。

第八章 赤色森林

克拉夫因带领德比郡队夺得 1971—1972 赛季英甲冠军而名扬英格兰足坛。1973 年 10 月，他和彼得·泰勒一道离开德比郡队，前往布莱顿队执教。但布莱顿队是克拉夫执教生涯的第一个"滑铁卢"：该队身处第三级别联赛，他未能化腐朽为神奇，32 场联赛只赢下 12 场，仅以第 19 名的成绩惊险保级。糟糕的战绩让克拉夫离开这里，但泰勒这一次拒绝和他一起走，成为克拉夫的帅位继承者。

失去老伙伴的克拉夫独自前往利兹联队执教，而这是他执教生涯最大的"滑铁卢"。利兹联队的前任主帅是唐·里维，他前去执掌英格兰队教鞭，留下帅位空缺。当时谁也没想到克拉夫会是继任者，因为他和唐·里维互相看不顺眼，是英格兰足坛一对著名的仇敌，克拉夫甚至炮轰过利兹联队踢得肮脏，应该受到处罚降入英乙。

执教利兹联队的第一天，克拉夫就在训练场上对所有球员说："把你们的奖牌都扔到池子里去，因为它们是通过不公平的手段赢得的！"对于克拉夫这种轻蔑的态度，利兹联队的球员无论如何也无法忍受。

将帅从一开始就不和，利兹联队的成绩可想而知：开局 6 轮只取 1 胜。多名球员联合上书要求解雇克拉夫，利兹联队的董事会也没犹豫，于 1974 年 9 月 12 日将克拉夫解雇。算起来，克拉夫只在利兹联队的帅位上待了 44 天。2009 年，一部改编自这段历史的电影上映，名叫《魔鬼联队》。

02 奇迹缔造者

短暂休息后，1975年1月，克拉夫成为诺丁汉森林队的主帅，开始将这支球队打上自己的烙印。从秉性和行事风格来看，克拉夫就像弗格森和穆里尼奥的结合体，他秉持的第一条原则是教练至上，拥有绝对权威。

举个例子：诺丁汉森林队的主力门将皮特·希尔顿喜欢穿印有1号的绿色球衣，克拉夫对他说："这里只有一个NO.1，但不是你！"从那开始，克拉夫便穿起日后成为他标志的绿色上衣。

第二条原则是团队至上，个体绝不能凌驾于团队之上。高身价加盟的特雷弗·弗朗西斯带着自己的专用肥皂和毛巾来训练，遭到克拉夫的痛斥；1980年球队蝉联欧冠冠军后，球员想与家人一起庆祝，克拉夫断然拒绝："我们一起获得的欧冠冠军，就要一起庆祝。"主力边锋约翰·罗伯特森抗议，克拉夫威胁他说要把他的牙齿揍下来！

这两条也是弗格森的执教原则，但克拉夫并不待见弗格森，他曾这么说："有

153

第八章 赤色森林

样东西我有两个,他只有一个。"克拉夫指的是欧冠冠军,在他去世后四年,弗格森才夺得第二座欧冠奖杯。

克拉夫在执教德比郡队时就与媒体合作,担任电视评论员,为报纸写专栏,甚至还因此与管理层闹出矛盾。而操控媒体也是穆里尼奥的风格,克拉夫自己都说:"穆里尼奥确实挺像我年轻时那样,但没我那么棒!"不过在执教诺丁汉森林队之后,克拉夫就很少出现在电视节目上,不再喜欢抛头露面。

实事求是地讲,克拉夫不是什么战术大师,但他崇尚地面进攻,谈到长传冲吊时曾讽刺道:"如果上帝想让我们在云上踢球,他就把球场搬到那里了。"当然,他也创造过名垂千古的经典战术:1979—1980赛季欧冠决赛,由于前锋特雷弗·弗朗西斯受伤缺席,克拉夫主动变阵为"451"阵形,让中场球员加里·米尔斯首发,盯防汉堡队阵中的英格兰传奇球星凯文·基冈,结果产生奇效。

提到克拉夫,还是不能不提泰勒。利兹联队的失败让克拉夫深知,没有泰勒在身旁,他自己很难取得成就。两人其实都怀念成功的过往,但性格里都有傲气的一面。泰勒找到诺丁汉森林队的首席球探毛里斯·爱德华兹,请他传话给克拉夫:"如果克拉夫给我打电话,我就去见他,讨论合作的可能。"得到口信后,克拉夫故作姿态地答复:"我不会打给他,是他先不跟我说话的。下次你告诉他,让他打电话给我。"最终的结果是泰勒重新成为克拉夫的助教。但究竟谁先给谁打的电话?两人各执一词,爱德华兹认定是克拉夫。

泰勒负责侦察敌情,也负责转会,从爱德华兹那里接收球探报告。爱德华兹伴随克拉夫和泰勒在诺丁汉森林队的整个执教生涯,为引进新援不惜牺牲自己的利益。克拉夫想要唐卡斯特队的特里·库兰,怂恿后者不要续约,于是唐卡斯特队停止给他发薪水。爱德华兹有招,每周五到商店门口排队,库兰排在他后面,他自掏腰包,悄悄把25英镑(库兰的周薪)塞给库兰,7周后球员正式加盟"森林"。

02 奇迹缔造者

除了泰勒和爱德华兹，吉米·戈登也是克拉夫的重要助手。克拉夫效力米德尔斯堡队时，戈登也在那里踢球。退役后他当起教练，跟随克拉夫转战德比郡队、利兹联队和诺丁汉森林队。平时都是戈登负责带队训练，克拉夫和泰勒经常牵着狗溜达，偶尔巡视一下球员的训练表现。这几位堪称克拉夫的左膀右臂，诺丁汉森林队能取得伟大的成就，绝对离不开他们的贡献。

03

奇迹诞生

从 1977—1978 赛季开始的三个赛季对于诺丁汉森林队来说是相当成功的,特别是蝉联欧冠冠军,缔造了震惊整个欧洲足坛的奇迹,克拉夫的名声远播欧洲大陆。

03 奇迹诞生

经过几个赛季的转会运作，克拉夫逐渐将诺丁汉森林队打造成一支极具战斗力的球队。球队的阵形是"442"，主力门将希尔顿，威名世人皆知，乃英格兰足坛历史上最伟大的门将之一。希尔顿是英国最早拥有经纪人的球员，1977年克拉夫想将他从斯托克城队引进，洽谈转会时，克拉夫故意避开经纪人，通知希尔顿私下见面，这才促成好事。当时曼联队也对希尔顿感兴趣，但巴斯比认为希尔顿的转会费太高。克拉夫非常喜欢希尔顿，"森林"的替补门将吉米·蒙哥马利开玩笑说："如果克拉夫不是娶了妻子芭芭拉，他一定会娶希尔顿的！"

第八章 赤色森林

后防核心是肯尼·伯恩斯。他在伯明翰队效力时，其实是踢前锋的，但在加盟诺丁汉森林队后被泰勒改造成后卫，结果在新位置踢出名堂，领袖气质、脚下技术、传球能力样样俱佳，被誉为"苏格兰的博比·穆尔"。他的搭档是身材强壮、头球能力出众的拉里·劳埃德，两人刚柔并济，一同筑起球队牢不可破的防线。

两名边锋是诺丁汉森林队的进攻源泉。左翼的约翰·罗伯特森速度不快，但头脑灵活，被克拉夫安排担任组织核心。右翼的马丁·奥尼尔（未来的英超名帅）负责赢得球权，然后交给右后卫维夫·安德森。安德森乃英格兰队成员，边路助攻的效率非常高，是诺丁汉森林队极为重要的进攻武器之一。

进攻端，特雷弗·弗朗西斯是英格兰足坛历史上第一个转会费达100万英镑的球员。从伯明翰队将他引进时，克拉夫不希望给弗朗西斯太大压力，所以定的转会费是999999英镑，距离100万英镑只差1英镑。不过加上手续费及其他费用，弗朗西斯的实际身价达到115万英镑。虽然已是享誉英格兰足坛的前锋，但他还是被克拉夫安排踢右前卫，并在1978—1979赛季欧冠决赛打入制胜球。

此外，队长约翰·麦克格文，前锋加里·比尔特斯、托尼·伍德科克，中场伊恩·鲍耶、阿奇·格米尔，左后卫弗兰克·克拉克，还有克拉夫在德比郡队的爱将约翰·奥哈雷等，都是诺丁汉森林队的重要成员。

回到联赛征程。1974—1975赛季，克拉夫临危受命后率领诺丁汉森林队拿到英乙第16名，保级成功；1975—1976赛季，也就是克拉夫执教的首个完整赛季，"森林"的排名升至英乙第8名；1976—1977赛季，诺丁汉森林队获得英乙第3名，时隔5年重返英甲！

1977—1978赛季，诺丁汉森林队以升班马的身份开启英甲征程。那个夏天，克拉夫一下子引进希尔顿、伯恩斯等多名球员，进一步增强球队实力。"森林"的开局相当不错，取得三连胜。虽然在第4轮被阿森纳队3比0击败，但诺丁汉森林队并未气馁，反而愈战愈勇，接下来的9场联赛豪取7胜2平的不败战绩。时

03 奇迹诞生

间进入11月，诺丁汉森林队遇到挫折，3场比赛输了2场，不过11月19日客场0比1负于利兹联队的比赛，也是"森林"该赛季的最后一次失利，之后的26轮联赛保持不败。

12月17日，诺丁汉森林队迎来与曼联队的焦点大战，结果做客老特拉福德球场的"森林"凭借伍德科克的梅开二度、罗伯特森的进球、对手的乌龙球，4比0完胜！直到此时，英格兰的媒体和球迷才真正将诺丁汉森林队视为一支具备争冠实力的球队。而接下来的一轮联赛，"森林"又1比1战平利物浦队，前进势头几乎不可阻挡。

足总杯赛场，诺丁汉森林队在第6轮被西布罗姆维奇队淘汰，但联赛杯一路高歌猛进，与联赛冠军的主要竞争对手利物浦队会师决赛。3月18日在温布利球场进行的决赛，双方鏖战至最后一刻仍难分伯仲，只能以0比0收场，按照规定四天后重赛。重赛在老特拉福德球场进行，凭借罗伯特森在第53分钟的点球命中，诺丁汉森林队1比0小胜，历史上第一次捧起联赛杯冠军奖杯！

联赛杯夺冠后，诺丁汉森林队在联赛的前进脚步也越来越快，与身后追赶者的距离越拉越远。战至1978年4月22日第38轮，诺丁汉森林队在客场0比0战平考文垂队，这1分足以令"森林"提前4轮夺得英甲冠军！这是诺丁汉森林队历史上的第一个英甲冠军。

第八章 赤色森林

1978—1979赛季，诺丁汉森林队以英格兰足坛新晋王者的身份首次出征欧冠，结果一路战胜利物浦队、科隆队等强队杀入决赛，并凭借弗朗西斯的进球，1比0击败鲍比·霍顿所带领的马尔默队，队史首次夺得欧冠冠军！

03 奇迹诞生

其他各条战线，诺丁汉森林队齐头并进：英甲夺得亚军，联赛杯再度拿下冠军（决赛中 3 比 2 战胜南安普顿队，比尔特斯梅开二度），慈善盾杯夺冠（5 比 0 大胜伊普斯维奇队）。更神奇的是，"森林"从前一个赛季开始在联赛里保持 42 场不败（1977 年 11 月 26 日至 1978 年 12 月 9 日），这一纪录直到 21 世纪初才被温格执教的阿森纳队打破。

1979—1980 赛季，再次出征欧冠的诺丁汉森林队接连战胜包括阿贾克斯队在内的四支球队，连续第二个赛季杀入欧冠决赛！决赛中，罗伯特森在第 20 分钟打入至关重要的进球，正是凭借这一球，诺丁汉森林队 1 比 0 力克汉堡队，成功蝉联欧冠冠军！

此外，"森林"还经过两回合的较量，以 2 比 1 的总比分战胜巴萨队，问鼎欧洲超级杯。不过遗憾的是，诺丁汉森林队在英甲中的排名并不高——仅获第 5 名。

1980—1981 赛季，诺丁汉森林队在英甲中的排名进一步下滑到第 7 名，在

第八章 赤色森林

洲际赛场,"森林"在洲际杯和欧洲超级杯中分别负于蒙得维的亚国民队和瓦伦西亚队。

从 1977—1978 赛季开始的三个赛季对于诺丁汉森林队来说是相当成功的,特别是蝉联欧冠冠军,缔造了震惊整个欧洲足坛的奇迹,克拉夫的名声远播欧洲大陆。

然而诺丁汉森林队书写下的奇迹,到此也就结束了。它戛然而止的一个重要原因,是克拉夫与泰勒的分道扬镳。1980 年,泰勒私自出版了一本书,谈论他与克拉夫的关系,而他写书时完全没告诉克拉夫,这令后者非常不满。两年后,泰勒宣布退休,但仅仅 6 个月后又重返德比郡队执教,甚至还从诺丁汉森林队带走了罗伯特森,这一举动导致两人的关系彻底破裂。当 1990 年 10 月泰勒去世时,裂痕仍未修复,不过克拉夫和家人还是参加了泰勒的葬礼。

事实再次证明,没有泰勒的辅佐,克拉夫孤掌难鸣。此后,他虽率诺丁汉森

03 奇迹诞生

林队连夺 1988—1989、1989—1990 两个赛季的联赛杯冠军，但无论是在英甲赛场还是在欧洲赛场，"森林"再也没有重现辉煌。1992—1993 赛季，也就是英超创立的第一个赛季，诺丁汉森林队排名垫底，不幸降级，而克拉夫也于 1993 年 5 月 8 日辞职，结束长达 18 年的诺丁汉森林队执教生涯。

从诺丁汉森林队离开后，克拉夫正式退休。此后的人生里，由于长时间酗酒，他大多数时间在与疾病做斗争。2004 年 9 月 20 日，布莱恩·克拉夫因胃癌去世，享年 69 岁。

2022 年，诺丁汉森林队时隔 23 年重返英超，而也许只有在《我相信奇迹》这部电影里，人们才能重新看到克拉夫带领诺丁汉森林队征服英格兰足坛、欧洲足坛的飒爽英姿，才能重温这支球队欧冠冠军数量多于顶级联赛冠军数量的神奇。

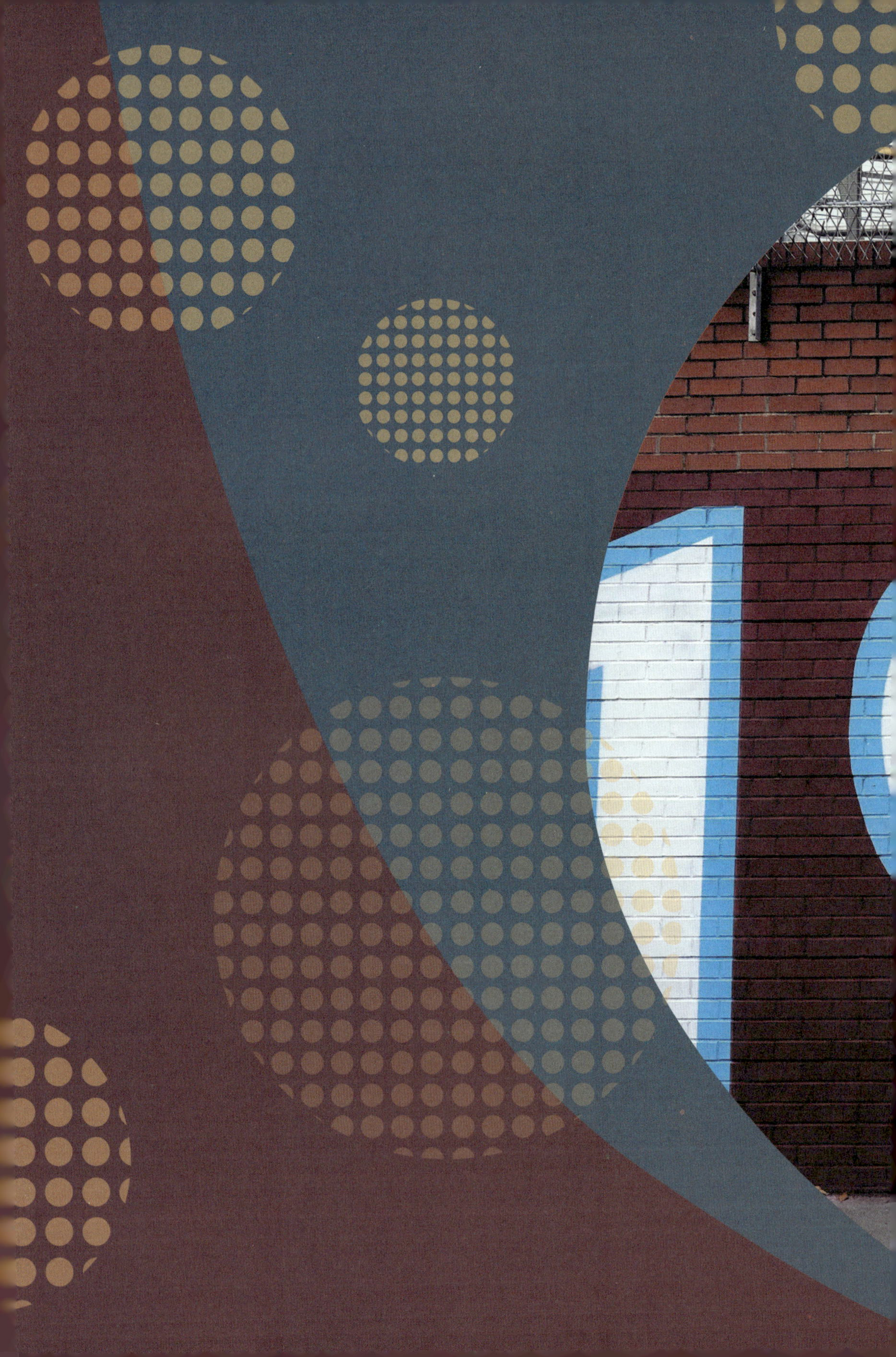

第九章 "狮王"传说

英超成立之后的前 20 年里，只有 7 支球队从未降级，除了人们所熟知的曼联队、阿森纳队、切尔西队、利物浦队、埃弗顿队和热刺队之外，还有阿斯顿维拉队。尽管英超时代的阿斯顿维拉队早已与辉煌作别，但它曾经是英格兰足球历史上的王者球队，7 次夺得顶级联赛冠军，排名历史夺冠榜第 5 名。最神奇的是，绰号"狮子"的阿斯顿维拉队还曾问鼎欧冠。

01

"雄狮"崛起

阿斯顿维拉队夺得的第一个重要赛事冠军是1886—1887赛季足总杯冠军。

01 "雄狮"崛起

阿斯顿维拉队成立于1874年11月21日，绰号"狮子"，由卫斯理教堂的四名成员组建而成。阿斯顿维拉队的第一场比赛是与当地一支橄榄球队进行的，有意思的是，那场比赛的上半场双方按照橄榄球的规则进行，下半场则按照足球的规则。1877年，威廉·麦格雷戈被邀请加入阿斯顿维拉队的委员会。在麦格雷戈的推动下，阿斯顿维拉队迅速崛起，成为米德兰地区的一支劲旅。

1880年，麦格雷戈成为阿斯顿维拉队的主席。在他的领导下，阿斯顿维拉队夺得球队历史上第一个冠军——伯明翰高级杯冠军。麦格雷戈有领导才能，8年后他甚至亲手创立了英甲，但并不具备执教的才华，真正带领"狮子"崛起的，是一个叫作乔治·拉姆塞的苏格兰人。

拉姆塞出生于1855年3月1日，他从很小的时候就展现出足球天赋，差点就被格拉斯哥流浪者队召入队中。21岁时，他从格拉斯哥南下到伯明翰找工作。1876年的某一天，拉姆塞路过阿斯顿公园，当时阿斯顿维拉队的球员正在踢一场训练赛，场地里突然有人叫住他，问他愿不愿意参赛，拉姆塞毫不犹豫地同意了。年轻的拉姆塞毫不怯场，在场上尽情展现自己的控球和过人能力，自然而然，他的球技得到了阿斯顿维拉队球员的欣赏，不久之后他就成为球队的正式成员，很快便当上了队长。

身为队长，除了要在球场上领导球队，拉姆塞还在场外展现自己的影响力。1878年，阿斯顿维拉队有意引进19岁的天才前锋阿奇·亨特，亨特犹豫不决，当得知"狮子"的队长是格拉斯哥的老乡时，才决定加盟这支球队。

第九章 "狮王"传说

1882年，拉姆塞宣布退役，两年后成为阿斯顿维拉队历史上的首位秘书。当时英格兰足坛的惯例是由委员会决定出场球员，阿斯顿维拉队的委员会成员就是麦格雷戈和后来的球队主席费雷德·林德尔，但拉姆塞手握转会大权，可以根据自己的需要来引进球员。他慧眼识人，将阿斯顿维拉队一手打造成英格兰顶级足球联赛的霸主。

阿斯顿维拉队夺得的第一个重要赛事冠军是1886—1887赛季足总杯冠军。亨特在这届杯赛中大发神威，每一轮都有进球入账，成为足总杯历史上第一位达成此成就的球员。决赛中，他与丹尼斯·霍格兹各入一球，帮助阿斯顿维拉队2比0击败西布罗姆维奇队。霍格兹身材高大，体形壮硕，左右脚能力均衡，能胜任内锋和边锋，既能为队友创造机会，也能自己破门得分。他在1886年1月刚刚加盟球队时，就在足总杯决赛中得分。在"狮子"的争霸大业中，他也扮演着非常重要的角色。

01 "雄狮"崛起

1888 年英甲创立，阿斯顿维拉队在首个赛季就获得亚军，之后 4 个赛季一直在积分榜中游蛰伏。在此时期，拉姆塞积极引进优秀球员。1889 年，詹姆斯·科万加盟阿斯顿维拉队，他也是苏格兰人，个头不高，体重也轻，但堪称全才。他在防守端位置感极佳，铲球凶狠，头球争顶能力强；在进攻端传球精准，远射能力出众。科万不仅是球队历史上最具传奇色彩的球星之一，也是英国维多利亚时代最著名的足球运动员之一，被誉为"中前卫王子"。科万是拉姆塞亲自回到苏格兰引进的，当时阿斯顿维拉队的死敌伯明翰队已经决定让科万南下试训，但拉姆塞抢先一步直接将他签下。

霍华德·斯宾塞则被称为"后卫王子"，他是伯明翰本地人，1892 年加盟阿斯顿维拉队时还是业余球员，两年后才转为职业球员。他的防守意识非常出众，他总能提前预判到对手的进攻意图，所以极少犯规，因此得到"绅士霍华德"的称号。

拉姆塞还在进攻端引进 19 岁的年轻右边锋查理·亚瑟史密斯。亚瑟史密斯被誉为"英格兰足坛速度最快的边锋"，他在右路的突破无人能挡，与霍格兹组成令对手闻风丧胆的"魔鬼双翼"。在这两人中间的则是杰克·狄威，狄威是阿斯顿维拉队历史上的又一位传奇球员，1891 年加盟球队担任中锋，刚来就从离队的亨特手中接过队长袖标，首个赛季出场 30 次攻入 34 球，之后 3 个赛季都是队内头号射手，1901 年退役后，他又先后担任阿斯顿维拉队的教练和官员。

02

"狮王"登基

7年5次夺得英甲冠军，从这个成就来看，阿斯顿维拉队才是英格兰足球历史上的第一支王朝球队。

02 "狮王"登基

攻守两端得到强援相助，拉姆塞率领阿斯顿维拉队在1893—1894赛季问鼎英甲。在30场比赛里，"狮子"取胜19场，打入84球，进球数是参赛球队中最多的，失球数只有进球数的一半（42球），是参赛球队中最少的。1894—1895赛季，阿斯顿维拉队未能成功卫冕，最终获得季军，但在足总杯赛场上再次杀入决赛，并在决赛中凭借鲍勃·查特的进球1比0再度击败西布罗姆维奇队，夺得队史第二个足总杯冠军！

查特的这个进球极具历史意义，因为他是在开场30秒打入的，这项足总杯决赛历史最快进球的纪录保持了114年，直到2008—2009赛季被埃弗顿队的法国前锋路易斯·萨哈打破，他开场25秒就完成破门。

1895—1896赛季，阿斯顿维拉队时隔一年再夺英甲冠军。1895年新加盟的约翰·坎贝尔成为首功之臣，出生于格拉斯哥的他从凯尔特人队转投而来，加盟"狮子"的首个赛季就攻入26球。1896年，弗雷德·威尔顿的加盟令阿斯顿维拉队的进攻线如虎添翼。威尔顿担任内锋，传射俱佳，能很好地串联起身旁队友。加盟的首个赛季，他斩获22球，其中包括在1896—1897赛季足总杯决赛打入的一球。

1896—1897赛季，威尔顿、坎贝尔和狄威领衔的攻击阵容大发神威，帮助阿斯顿维拉队在30轮联赛中打入73球，最终以11分的巨大优势夺得第三个英甲冠军，而亚军谢菲尔德联队的进球数只有42球。

足总杯赛场，阿斯顿维拉队一路前行，与埃弗顿队会师决赛。在这场精彩的

第九章 "狮王"传说

决赛较量中，坎贝尔为"狮子"先拔头筹，但对手连进两球反超比分，威尔顿和吉米·卡拉布特里在上半场结束前各入一球，帮助"狮子"3比2逆转。下半场两队均无建树，最终阿斯顿维拉队3比2险胜，夺得球队历史上的第三个足总杯冠军。

这样一来，阿斯顿维拉队就加冕英甲和足总杯的"双冠王"，成为英格兰足坛历史上第二支完成这一伟业的球队，第一支是普雷斯顿队。

不过阿斯顿维拉队的统治还没结束，虽然在1897—1898赛季"狮子"只获得英甲第6名，足总杯止步于第1轮，但在1898—1899赛季和1899—1900赛季，"狮子"再度夺冠，第二次完成英甲两连冠的壮举。换句话说，阿斯顿维拉队是19世纪最后一个英格兰顶级足球联赛冠军。7年5次夺得英甲冠军，从这个成就来看，阿斯顿维拉队才是英格兰足球历史上的第一支王朝球队。

不过进入20世纪初，随着科万、狄威、亚瑟史密斯等功臣的离开，阿斯顿维拉队不可避免地进入低谷，连续9个赛季与英甲冠军无缘，其间只获得两次亚军。

02 "狮王"登基

1904—1905赛季,"狮子"时隔8年再度打入足总杯决赛,此时拉姆塞已经对球队完成更新换代,老一批的冠军球员中只有斯宾塞和门将比利·乔治仍在队中。决赛中,哈里·汉普顿梅开二度,阿斯顿维拉队2比0完胜纽卡斯尔联队夺冠。

汉普顿于1904年加盟阿斯顿维拉队,司职中锋,他的性格直爽、幽默,很受队友和球迷的爱戴。在场上,汉普顿却是对方后卫畏惧的强力中锋,曾在对阵谢菲尔德联队的比赛中独进5球,上演"五子登科"。加盟"狮子"的首个赛季就为球队在足总杯决赛中建功,他的表现越发不可阻挡。在队中,他和内锋乔·巴彻组成强有力的锋线搭档。巴彻于1900年加盟阿斯顿维拉队,迅速占据主力位置。他的技术非常出色,擅长突破过人,但有时太黏球,因此遭到拉姆塞的批评。

除了汉普顿和巴彻之外,拉姆塞还引进了右边锋查理·华莱士和左边锋阿尔伯特·哈尔。华莱士的球风非常直接,凭速度"生吃"对方后卫,这招屡试不爽。他还是球队的点球主罚手,但在1913年足总杯决赛上射失点球,成为历史上第一个在足总杯决赛罚丢点球的球员。哈尔是巴彻的好搭档,两人在左路的配合相

第九章 "狮王"传说

当默契。1905 年足总杯决赛,正是哈尔两次送出精准传中球,帮助汉普顿梅开二度。此外,汤姆·里昂斯和詹姆斯·洛根的加盟巩固了"狮子"的后防,到 1909—1910 赛季,阿斯顿维拉队已经准备好再次向英甲冠军发起冲击。

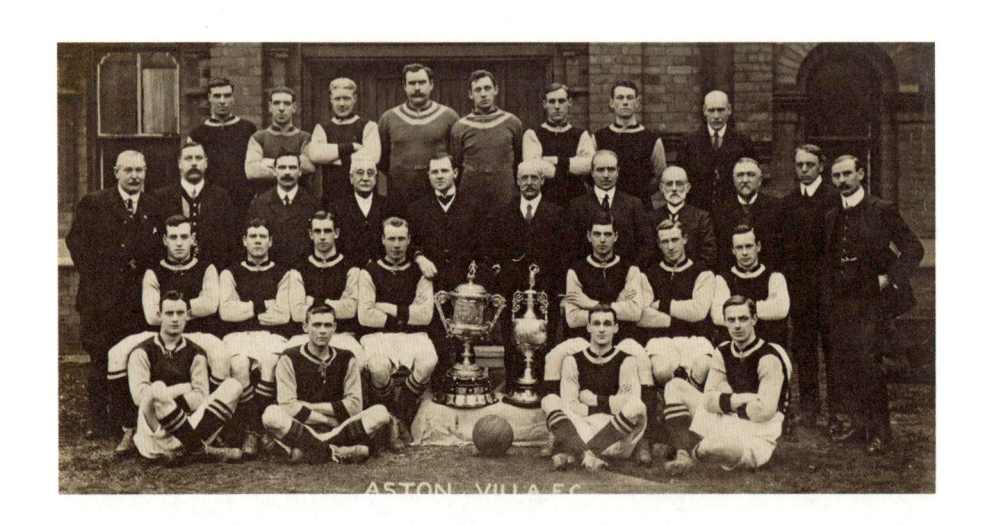

这个赛季,汉普顿打入 29 球,阿斯顿维拉队如愿以偿地获得球队历史上的第 6 个英甲冠军。"狮子"的进攻火力傲视群雄,38 场比赛斩获 84 球,比第二名多进 6 球;防守端,球队只丢 42 球,失球数是英甲球队中第二少的。之后 5 个赛季,汉普顿一直蝉联队内最佳射手,阿斯顿维拉队则 3 次获得英甲亚军。不过在此期间"狮子"也有斩获——1 比 0 小胜桑德兰队,问鼎 1912—1913 赛季足总杯。

随后到来的是第一次世界大战,等到 1919 年英甲重新开赛,一切已经时过境迁,对于阿斯顿维拉队来说亦然。"狮子"虽然夺得 1919—1920 赛季足总杯冠军,但不可避免地被卷入时代的洪流之中,走向衰落。此后的几个赛季,"狮子"的排名逐年下滑,而在 1925—1926 赛季获得英甲第 6 名之后,一个重磅消息传来:71 岁的拉姆塞宣布退休,转而担任球队荣誉大使和副主席——一个无比辉煌的时代正式落幕了。

02 "狮王"登基

从 1876 年到 1926 年，拉姆塞作为球员和教练为阿斯顿维拉队效力 50 年。在 1884 年成为主帅后，拉姆塞率队 6 次夺得英甲冠军、6 次问鼎足总杯，纵观整个英格兰足球历史，也只有后来的弗格森比他拿到更多的顶级联赛冠军，而拉姆塞的足总杯夺冠纪录，直到 2015 年温格率领阿森纳队夺冠之后才追平，2017 年才完成超越。由此可见，拉姆塞是一位多么伟大的教练。

宿命般的是，1935 年 10 月 7 日，已经 80 岁高龄的拉姆塞去世，几个月之后，阿斯顿维拉队获得英甲第 21 名，历史上第一次从英甲降级。拉姆塞的离世，带走了阿斯顿维拉队"黄金时代"的最后记忆。尽管在英乙待了两年就重返英甲，但二战后的"狮子"一直在积分榜中游徘徊。

不过在这段漫长的岁月里，阿斯顿维拉队球迷也有开心的时刻：1956—1957 赛季，"狮子"杀入足总杯决赛，凭借彼得·麦克帕尔兰的梅开二度，2 比 1 力克巴斯比带领的曼联队，夺得球队历史上第 7 个足总杯冠军。

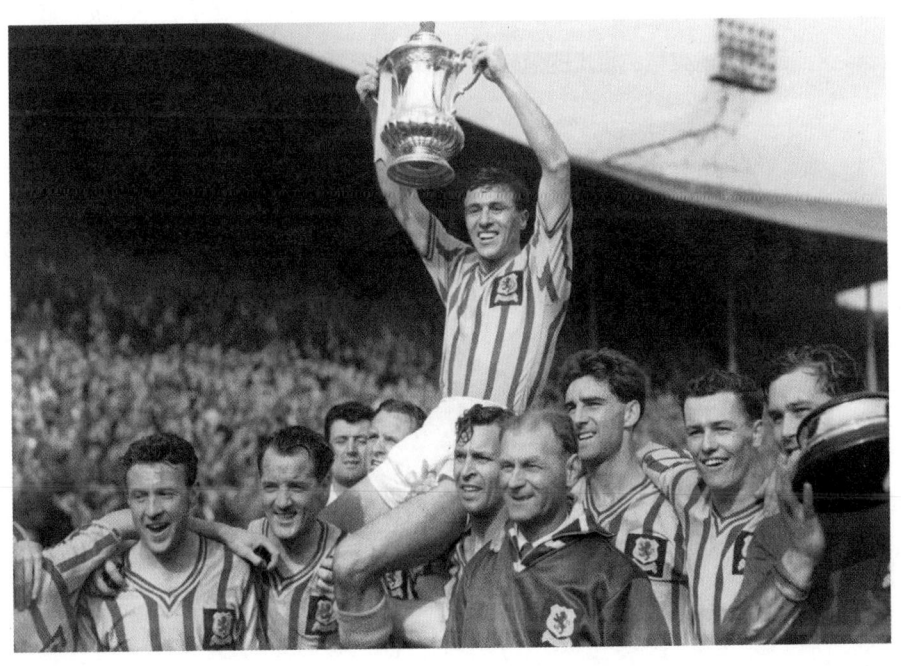

第九章 "狮王"传说

北爱尔兰人麦克帕尔兰是一位得分能力极强的左边锋，但他不仅擅长右脚射门，还能胜任中锋。他于 1952 年加盟阿斯顿维拉队，5 年后成为足总杯决赛的主宰者。值得一提的是，那场决赛中他除了打入两球，还在一次空中对抗中把曼联队门将雷·伍德的下巴给撞骨折了！在伍德下场治疗时，巴斯比让中场球员杰基·布兰奇弗劳尔担任门将，而伍德重新登场后，竟然踢起了前锋！

在两个赛季后，阿斯顿维拉队再次降入英乙。1960—1961 赛季，重返英甲的"狮子"杀入刚刚创立的联赛杯决赛。在与罗瑟汉姆联队的决赛中，双方两回合战成 2 比 2，麦克帕尔兰在加时赛打入决定性进球，帮助阿斯顿维拉队斩获联赛杯历史上第一个冠军，他也成为历史上第一个在足总杯决赛和联赛杯决赛都有进球的球员。

不过好景不长，1966—1967 赛季，阿斯顿维拉队再次降级，这一次是真正跌入深渊，因为三个赛季后"狮子"历史上第一次降入第三级别联赛！虽然在 1972—1973 赛季阿斯顿维拉队升回英乙，但距离英甲似乎已是遥不可及。谁来拯救这支昔日纵横英格兰足坛的落魄豪门呢？答案是英格兰人罗恩·桑德斯。

03

"狮王"传奇

最终，阿斯顿维拉队1比0取胜，历史上第一次夺得欧冠冠军，同时也延续了英格兰球队在20世纪七八十年代对欧冠的统治。

第九章 "狮王"传说

罗恩·桑德斯在球员时代是一名中锋，职业生涯从埃弗顿队起步，16年间效力6支球队，进球数超过200球。1967年退役后，桑德斯开启执教生涯，经过在约维尔队和牛津联队的磨炼，他带领诺维奇队夺得1971—1972赛季英乙冠军，这是该队历史上第一次升入顶级联赛。此外，他还率队杀入1972—1973赛季联赛杯决赛，可惜在决赛中0比1不敌热刺队。

由于在诺维奇队的执教战绩，桑德斯于1973年11月被曼城队"挖"走。中途到来的他竟率曼城队闯进联赛杯决赛，不过运气却跟他作对，他连续第二年折戟决赛，这次输给的是狼队。虽然夺得联赛杯亚军，但曼城队在联赛中成绩低迷，桑德斯还是在1973—1974赛季结束前三周被解雇了。

03 "狮王"传奇

1974年6月,桑德斯来到英乙球队阿斯顿维拉队担任主帅。神奇的是,执教"狮子"的首个赛季,他就个人连续第三年率队晋级联赛杯决赛,成为历史第一人。这一次他面对老东家诺维奇队没有输,右边锋雷·格雷顿打入制胜球,阿斯顿维拉队1比0取胜夺冠。同年,桑德斯带领球队以英乙亚军的身份重返英甲,一个新的时代正在悄然拉开大幕。

回到英甲的第一个赛季,阿斯顿维拉队还不太适应,最终只是以第16名的成绩保级成功。不过到了1976—1977赛季,桑德斯带领球队获得英甲第4名,这竟然是"狮子"自1932—1933赛季(第2名)以来的最高排名!

此外,"狮子"三年来第二次闯进联赛杯决赛,对手是埃弗顿队。决赛中,双方战成0比0,不得不进行重赛。第一场重赛,还是平局——1比1,于是进行第二场重赛。在这"第三场"决赛中,阿斯顿维拉队依靠队长、中后卫克里斯·尼科尔的进球和前锋布莱恩·利特尔的梅开二度,最终3比2险胜,成功夺得冠军。

第九章 "狮王"传说

虽然是中后卫,但尼科尔能破门并不令人感到意外,因为他具有"带刀后卫"的属性,代表"狮子"出场 210 次,打入 11 球。有意思的是,在 1976 年对阵莱斯特城队的比赛中,尼科尔打入 4 球,不过 2 球攻破的是对手球门,2 球攻破的是自家球门,而这场比赛的最终比分就是 2 比 2。

三年两夺联赛杯冠军,阿斯顿维拉队球迷看到"狮子"重新崛起的希望。为了重新拿到英甲冠军,桑德斯也在不断招兵买马。

中后卫位置上,两名苏格兰人阿兰·埃文斯和肯·麦克瑙特于 1977 年同时加盟,埃文斯是后防核心,年轻时曾到马耳他和塞浦路斯踢球,他头球能力出色,抢断凶狠精准,同时具有相当不俗的进球能力,曾在对阵桑德兰队的比赛中上演帽子戏法。麦克瑙特速度快,位置感极佳,擅长盯人防守,对方前锋很难将他彻底摆脱。

中场方面,丹尼斯·莫蒂梅尔 1975 年就从考文垂队加盟,被桑德斯委以队长袖标,他是中场的核心和领袖,攻防俱佳,被誉为"从未入选英格兰队的最佳球员"。戈登·科万斯则是在 1976 年被桑德斯从阿斯顿维拉青年队中提拔的,他左右脚能力均衡,在中场的掌控力十足,最大特点是脚法出色,能为前锋和边锋送上各种方式的传球。1979 年,苏格兰人德斯·布伦内尔加盟阿斯顿维拉队,他在中场负责防守,每场比赛都拼尽全力,是后防线前的屏障。同年,托尼·莫尔利从伯恩利队加盟,他是一匹边路快马,技术和速度俱佳,被誉为 20 世纪 80 年代最具杀伤力的球员之一。如果说莫蒂梅尔、科万斯和布伦内尔属于中前卫的话,那么莫尔利就是典型的英式边锋,一旦前插,就与两名前锋构成"三叉戟"的组合。

前锋线上,桑德斯将青年队的另一名新星加里·肖提拔到一线队。虽然肖的身高只有 1.75 米,但他速度快,位置感极佳,总能在正确的时间出现在正确的位置上。1980 年,彼得·怀特从纽卡斯尔联队加盟,他是足坛浪子,来到"狮子"之前曾在 8 支球队效力过,从未在一支球队效力超过两个赛季,还曾去美国踢球。为了得到怀特,阿斯顿维拉队掏出 50 万英镑,这创造了球队的转会费历史纪录。

03 "狮王"传奇

不过怀特也配得上这一高身价,他身材高大强壮,空中优势明显,与加里·肖组成一高一快的绝配。

从头到尾"全副武装"之后,桑德斯率领阿斯顿维拉队开启 1980—1981 赛季的征程。首轮对阵利兹联队,莫尔利和肖的进球帮助"狮子"2 比 1 取胜,赢得开门红。前 4 轮比赛,肖打入 3 球,怀特也有 2 球入账,阿斯顿维拉队取得 4 轮不败。虽然此后遭遇两连败,但"狮子"很快重整旗鼓,迎来更强劲的 12 轮不败,其中还取胜 9 场。

进入 12 月,阿斯顿维拉队陷入开赛以来的第一个低谷,5 轮联赛只取胜 2 场。不过进入 1981 年后,"狮子"再次步入正轨,豪取七连胜。倒数第二轮,"狮子"主场 3 比 0 大胜米德尔斯堡队,将夺冠主动权握在自己手中。虽然最后一轮阿斯顿维拉队客场 0 比 2 输给阿森纳队,但依然凭借 4 分的领先优势力压伊普斯维奇队,夺得英甲冠军!要知道,此时距离阿斯顿维拉队上一次夺冠,已有 71 年之久。

第九章 "狮王"传说

这次夺冠也让阿斯顿维拉队有了首次出征欧冠的机会。1981—1982赛季，"狮子"因分心于欧冠，在英甲中一直处于积分榜中游，但接连闯过欧冠前两轮，杀入八强。然而在1982年2月9日，一条突如其来的消息震惊了英格兰足坛，因为与球队高层未能就合同问题达成一致，桑德斯辞去阿斯顿维拉队主帅一职！更令人惊奇的是，他直接去了阿斯顿维拉队的死敌伯明翰队担任主帅。

失去了这位功勋教头，阿斯顿维拉队将何去何从？为了最大程度上减小这一事件对球队产生的负面影响，管理层决定扶正桑德斯的助理教练托尼·巴顿。巴顿球员时代司职右边锋，退役后留在朴次茅斯队的教练组。1980年，他加入阿斯顿维拉队的教练团队，成为桑德斯的助教，"狮子"能夺得英甲冠军，他有一份功劳，所以巴顿是接替桑德斯的最佳人选。

完成平稳过渡之后，阿斯顿维拉队将主要精力放在欧冠赛场。与基辅迪纳摩队的1/4决赛，"狮子"首回合在客场0比0战平，次回合回到维拉公园球场，凭借肖和麦克瑙特的进球2比0战胜对手，闯入半决赛。半决赛对阵比利时劲旅安德莱赫特队，阿斯顿维拉队首回合在主场1比0取胜，次回合在客场又是一场0比0，"狮子"以最经济的方式挺进决赛。

第一次参加欧冠就进军决赛，阿斯顿维拉队令整个欧洲足坛震惊，他们的对手是拜仁慕尼黑队。决赛中，阿斯顿维拉队的门将吉米·里默在第10分钟就因肩膀受伤离场，只为球队出场过1次的替补门将尼格尔·斯宾克临危受命。好在他

03 "狮王"传奇

身前有尼科尔和麦克瑙特的保护,两名中后卫对拜仁慕尼黑队的双前锋卡尔·海茵茨·鲁梅尼格和乌利·赫内斯进行了很好的限制,斯宾克本人也做出多次精彩扑救,赢来职业生涯的转折——从那开始,连续10个赛季,他都是阿斯顿维拉队的头号门将。

这场决赛的转折点则出现在第67分钟,莫尔利左路突破后送出横传球,怀特中路跟进推射入网,为"狮子"打破僵局!尽管在比赛结束前3分钟,拜仁慕尼黑队打进一球,但被判越位在先,进球无效。最终,阿斯顿维拉队1比0取胜,历史上第一次夺得欧冠冠军,同时也延续了英格兰球队在20世纪七八十年代对欧冠的统治。

作为欧冠冠军,阿斯顿维拉队获得参加1982年洲际杯的资格,"狮子"的对手是南美解放者杯冠军、乌拉圭豪门佩纳罗尔队。不过在日本首都东京,阿斯顿

第九章 "狮王"传说

维拉队以 0 比 2 败下阵来，未能拿下冠军。

　　1983 年 1 月，阿斯顿维拉队征战欧洲超级杯，对手是欧洲优胜者杯冠军巴萨队，这一次"狮子"没让冠军溜走，虽然首回合在客场 0 比 1 失利，但次回合坐镇维拉公园球场，肖的进球将比赛拖入加时阶段。加时赛成为"狮子"的舞台，科万斯点球破门，麦克瑙特将比分锁定为 3 比 0。最终，阿斯顿维拉队以 3 比 1 的总比分战胜对手，历史上第一次夺得欧洲超级杯冠军！

　　虽然站上欧洲之巅，但阿斯顿维拉队付出的代价是英甲冠军不保：1982—1983、1983—1984 赛季分别获得第 6 名和第 10 名。巴顿借助桑德斯打下的基础夺得欧冠冠军，但终究无法走出前任的阴影，最终于 1984 年 6 月下课。而在此前后，球队的冠军功臣们也先后离队，与拉姆塞时代一样，"黄金一代"解体了。

　　1986—1987 赛季，阿斯顿维拉队排名英甲倒数第一，降入英乙。虽然一个

03 "狮王"传奇

赛季后就重返甲级,并在格拉汉姆·泰勒的执教下夺得1989—1990赛季英甲亚军,但这也是"狮子"在英甲时代的最后辉煌。英超创立后,"狮子"曾在首个赛季夺得亚军,也曾两夺联赛杯冠军,但此后的联赛最高排名只是第4名,2015—2016赛季结束后更惨遭降级,尽管3个赛季后重回英超,但曾经的"狮王"已经成为传说,只留在老一辈阿斯顿维拉队球迷的记忆深处。

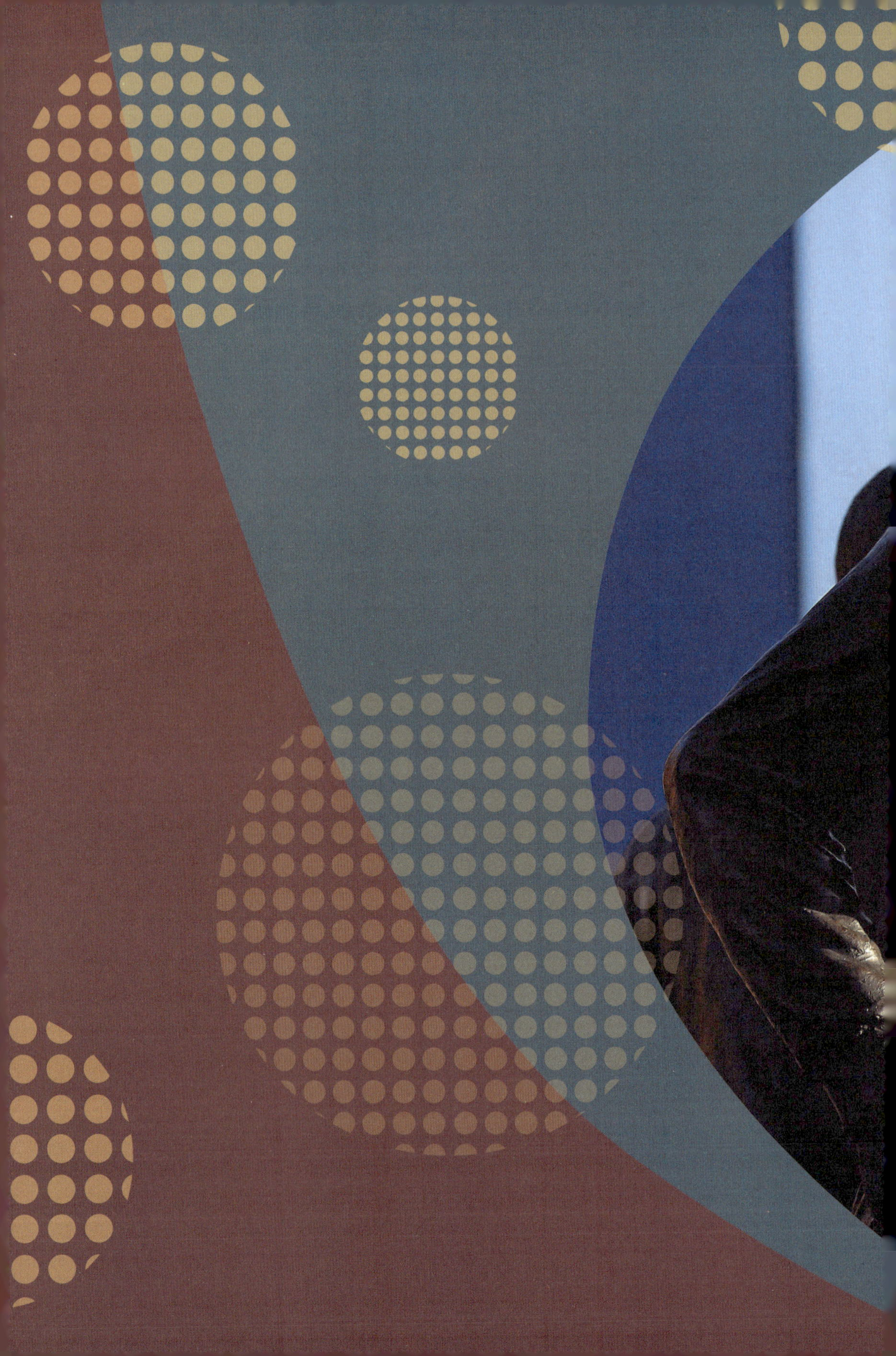

第十章
分庭抗礼之蓝

一提到利物浦这座城市，喜欢音乐的人首先会想到披头士乐队，而热爱足球的球迷多半会先想到"红军"利物浦队。不过利物浦还有一支曾经书写过辉煌历史的球队，它就是"太妃糖"埃弗顿队。虽然埃弗顿队的夺冠次数不及同城死敌，但以蓝色为球队主色调的"太妃糖"也曾与"红军"分庭抗礼，称霸英格兰足坛。

01

利物浦的初代王

而在同一年,"太妃糖"也获得建队以来的第一个冠军——1884年利物浦杯。

01 利物浦的初代王

埃弗顿队成立于1878年，最初的名字叫圣多明戈队。"圣多明戈"之名从何而来呢？这是一座基督教堂的名字，那里的一位牧师本·斯威夫特·钱伯斯创立了一支板球队，但板球运动只在夏天进行，漫长的冬天怎么办？当时足球运动正在英格兰西北部盛行，于是圣多明戈队应运而生。

直到1879年11月，圣多明戈队才正式更名为埃弗顿队，因其周边地区是利物浦市的埃弗顿区。有了新名字，自然得有新绰号。至于"太妃糖"这一绰号的来由，普遍说法是当地一家甜品商店会在比赛日卖各种糖果和甜品，而这家甜品店的名字虽有两种说法，但相同的是其中都有"Toffee"（太妃糖）一词。与此同时，有了新名字、新绰号的埃弗顿队决定采用蓝色和白色为球衣的颜色。

更名后的埃弗顿队踢了历史上的第一场比赛，1879年12月20日，"太妃糖"6比0大胜圣皮特斯队。五年后，埃弗顿队从约翰·奥雷尔手中租下安菲尔德球场作为球队的新主场。而在同一年，"太妃糖"也获得建队以来的第一个冠军——1884年利物浦杯。

1885年，埃弗顿队新任主席约翰·霍尔丁以5845英镑的价格将安菲尔德球场从奥雷尔手中买下，然后租给自家球队。第一年，租金只有100英镑，但随着"太妃糖"连夺利物浦杯冠军，并在1888年成为英甲的创始成员，霍尔丁于1890年将租金提高到250英镑，在此之后，他又试图进一步提高租金，这一行为是埃弗顿队所不能接受的。

于是，球队主席乔治·马洪决定率领埃弗顿队搬离安菲尔德球场，寻找一个

189

第十章 分庭抗礼之蓝

新主场。但霍尔丁不肯罢休,抢先注册了一个带有埃弗顿名字的公司,以逼迫球队留在安菲尔德球场,继续接受高昂的租金。但英甲拒绝认可霍尔丁的新公司使用埃弗顿的名字,霍尔丁遂决定另立门户,利物浦队由此诞生。而经过这次对决,埃弗顿队最终搬离安菲尔德球场,搬到了斯坦利公园以北的古迪逊公园球场。

说回联赛。1888年,埃弗顿队成为英甲的12支创始球队之一,首个赛季,"太妃糖"在22场比赛中取得9胜2平11负,排名积分榜第8位。埃德加·查德维克成为球队历史上的第一位球星,司职内锋的他于1888年加盟埃弗顿队,首个赛季攻入6球成为队内最佳射手。查德维克最擅长的一招是横向带球将对方门将骗到球门的一侧方向,然后将球送入另一侧的网窝。

01 利物浦的初代王

1889—1890 赛季，埃弗顿队攻击力大爆发，22 场联赛每场都有进球，最终拿下 12 场胜利，仅次于普雷斯顿队屈居亚军。中锋弗雷德·吉里一人贡献 21 球，而前一个赛季全队总进球数也只有 35 球。吉里与苏格兰右边锋阿历克斯·拉塔同时来到球队，吉里个头不高，但身体强壮、速度快，有时队友都抱怨他跑得太快，球都追不上他。与之相反，拉塔个子很高但身材消瘦，突破过人是他的拿手好戏。这对锋线搭档在这个赛季里各有 1 场比赛上演帽子戏法。

当时埃弗顿队的主帅是理查德·莫利纽克斯。1878 年球队刚成立时，莫利纽克斯就加入其中，1889 年 8 月成为球队秘书长，负责执教球队。执教首个赛季，他就帮助球队夺得英甲亚军。1890—1891 赛季，莫利纽克斯带领球队更进一步，22 轮比赛取得 14 胜 1 平 7 负，以 2 分优势力压普雷斯顿队，勇夺球队历史上第一个顶级联赛冠军！夺冠的最大功臣仍是吉里，他攻入 20 球，与左内锋查德维克、左边锋阿尔弗·米尔沃德、苏格兰右内锋阿莱克·布拉迪、右边锋拉塔组成无坚不摧的锋线五人组。

之后的 10 年间，埃弗顿队两次杀入足总杯决赛，但都与冠军失之交臂。联赛里，"太妃糖"的最高排名是 1894—1895 赛季的亚军，其余时间基本在积分榜中游徘徊，只在兰开夏高级郡杯里两次夺冠。1901 年 9 月 11 日，埃弗顿队董事会决定解雇莫利纽克斯，原因是怀疑他酗酒。莫利纽克斯据理力争，但在董事会投票后，他只能离开效力 23 年的"太妃糖"。

02

神射手的大爆发

根据统计,迪克西·迪恩为球队出场433次、打入383球,乃"太妃糖"历史头号射手。

02 神射手的大爆发

接替莫利纽克斯执教埃弗顿队的是维尔·库夫，与前任一样，他执教的第一个赛季就率队夺得英甲亚军。1905—1906赛季，"太妃糖"在英甲中虽只排名第11位，但在足总杯一路杀入决赛，并在决赛中1比0力克纽卡斯尔联队，夺得球队历史上的第一个足总杯冠军！进球的，是右内锋阿历克斯·扬。

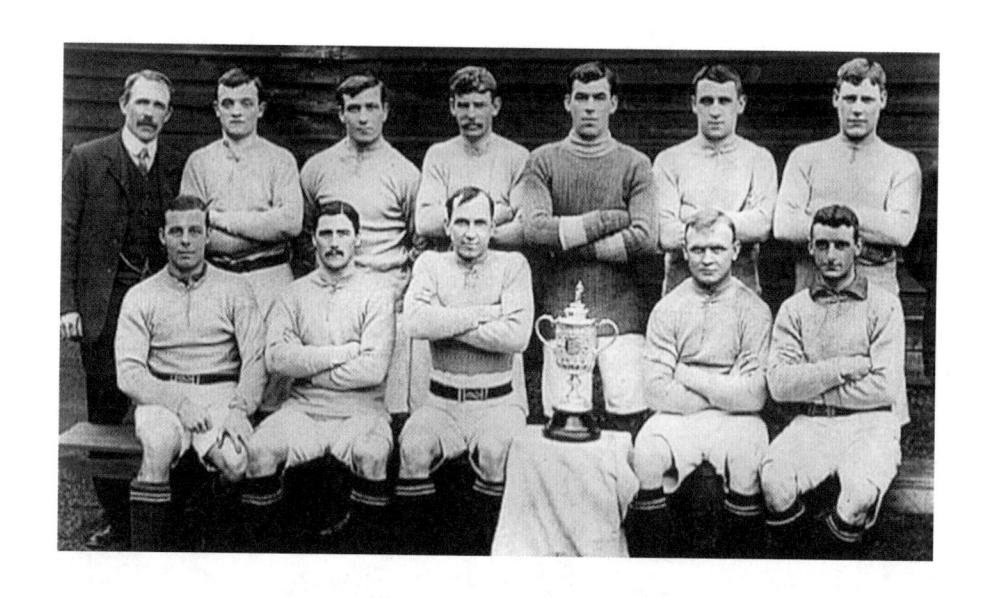

扬的一生充满争议：从足球角度来说，他是埃弗顿队历史上最伟大的球星之一，但他的联赛进球数一直是个谜。按照长期以来的观点，扬在联赛打入110球，比格雷姆·夏普少1球，排名球队的历史第三，但在2013年，有研究者经过重新统计后发现，扬在联赛打入的其实是113球，所以他超越夏普，成为球队的

第十章 分庭抗礼之蓝

联赛第二射手。个人生活方面，退役后的扬移居澳大利亚，1916年，法院认为他过失枪杀他的兄弟，判其入狱三年。根据他兄弟约翰死前遗言，是扬主动开枪，但扬极力否认，辩称是约翰挑衅在先，他受激之下才开枪，最终法院认可了扬的说法。

说回正题。足总杯夺冠后，埃弗顿队又一次陷入"冠军荒"，直到1914—1915赛季才夺得第二个顶级联赛冠军。为"太妃糖"夺冠立下头功的是苏格兰中锋博比·帕克，1913年11月他以1500英镑的身价从格拉斯哥流浪者队转会而来，连续两个赛季荣膺队内最佳射手称号，夺冠赛季还以36球的成绩获得英甲金靴奖。不过第一次世界大战随之而来，一战不仅中断了帕克的足球生涯，更险些令他丧命：一颗子弹击中了他的后背！

02 神射手的大爆发

一战夺走了帕克的巅峰时期，也夺走了许多球员的黄金岁月。战争结束后，重新起步的埃弗顿队一直处于积分榜中下游，1921—1922 赛季还差一点降级，直到一位神射手的到来才走出低谷，这个人就是迪克西·迪恩。

8 岁时，迪恩的父亲把他带到古迪逊公园球场看了一场比赛，这让他从小便成为埃弗顿队的球迷。1925 年，埃弗顿队主帅托马斯·赫伯特·麦金托什相中在特兰米尔流浪者队踢球的迪恩，特意约他在一家饭店见面。激动的迪恩从家里狂奔 4000 米，气喘吁吁地来到饭店，两人"一见钟情"。虽然当时的迪恩只有 18 岁，但他很有主见，要求从 3000 英镑的转会费里抽取 300 英镑的签字费，但特兰米尔流浪者队只给了他区区 30 英镑，一气之下他把特兰米尔流浪者队告到了英足总那里，英足总主席约翰·麦肯纳无奈表示，迪恩已经签字，只能接受这 30 英镑了。

1925—1926 赛季，迪恩就在英甲中打入 32 球，震惊了埃弗顿队的球迷。不过 1926 年的夏天意外发生了：迪恩在一场车祸中颅骨和下巴骨折，医生不确定他的球员生涯能否继续。但迪恩毫不在乎，在接下来代表埃弗顿队的比赛里，他用头球破门向所有人证明自己根本没事。

1927—1928 赛季，对于迪恩来说是一个疯狂的赛季。他在 39 场联赛里打入惊人的 60 球，场均进球数超过 1.5 球，成为英格兰足球历史上第一个单赛季联赛打入 60 球的球员！要知道，该赛季埃弗顿队全队打入 102 球。凭借迪恩的大爆发，"太妃糖"最终以 2 分优势力压哈德斯菲尔德队，夺得球队历史上第三个英甲冠军。

然而这次夺冠更像是一个"意外"，因为之前一个赛季，埃弗顿队的联赛排名只是第 20 名，迪恩攻入 21 球。而之后的 1928—1929 赛季，迪恩的进球数"只"有 26 球，"太妃糖"也从冠军跌至第 18 位。更令人沮丧的是，1929—1930 赛季，迪恩在英甲中打入 23 球，埃弗顿队竟排名垫底，历史上第一次从英甲降级！从这一点可以看出，当时的埃弗顿队就是迪恩一个人的球队，他个人的进球数直接影

第十章 分庭抗礼之蓝

响到球队的成绩。

之后的两个赛季继续证明了这一点：1930—1931 赛季，迪恩在英乙斩获 39 球，埃弗顿队以英乙冠军身份重返英甲；1931—1932 赛季，迪恩再次大爆发，42 场联赛攻进 45 球，再加上从曼城队加盟的汤米·约翰逊的 22 球，两人进球数之和超过全队总进球数（116 球）的一半，最终帮助"太妃糖"以 2 分优势击败阿森纳队，夺得球队历史上第四个顶级联赛冠军！

1932—1933 赛季，迪恩的进球数锐减到 24 球，但依然率队杀入足总杯决赛。决赛中，他梅开二度，帮助"太妃糖"3 比 0 取胜，埃弗顿队夺得队史第二个足总杯冠军。之后的一个赛季，迪恩因伤只出场 12 次、打入 9 球，球队的排名也随之下滑。

02 神射手的大爆发

等到 1936—1937 赛季结束时，迪恩已经整整 30 岁，身体机能不可避免地减退，很难获得出场机会。所以在 1937 年，他转会第三级别联赛的诺茨郡队，结束漫长的埃弗顿队生涯。根据统计，迪克西·迪恩为球队出场 433 次、打入 383 球，乃"太妃糖"历史头号射手。在英格兰联赛的历史上，迪恩打入 379 球，仅次于打入 434 球的亚瑟·劳利，乃历史第二射手，但迪恩场均 0.87 球的效率更高。

迪恩这一走，痛失传奇射手的埃弗顿队该怎么办？上天垂青，又一位神射手立刻接班，他就是汤米·劳顿。由于脚太肥大，劳顿不得不穿矫正鞋，但这并未影响他在球场上的跑动。身为中锋，劳顿速度很快，头球能力出众，而且左右脚都能控球和射门，这得益于曾经效力纽卡斯尔联队、切尔西队和德比郡队的苏格兰传奇中锋休吉·加拉赫的指点。

1936 年，劳顿以 6500 英镑的身价从伯恩利队转会埃弗顿队，在迪恩身边学习了一个赛季之后，劳顿在 1937—1938 赛季攻入 28 球，初露锋芒，迪恩在该赛季没结束就走了。1938—1939 赛季，劳顿上演"迪恩式"大爆发，42 场联赛攻入 34 球，而球队的赛季总进球数不过 88 球。最终，埃弗顿队以 4 分优势力压博尔顿队，拿到队史第五个英甲冠军。

当然，劳顿不是球队夺冠的唯一功臣，他在锋线上的搭档是创造力出色的阿历克斯·斯蒂文森。乔·默瑟担任左前卫，他和托马斯·琼斯、杰克·汤姆森组成中场，门将则是艾德伍德·撒加尔。如果不是第二次世界大战爆发，这支球队本有可能摆脱过往的宿命，在接下来的赛季里保持出色表现。

03

神圣三位一体

年仅20岁的肯达尔在布莱克本流浪者队踢后卫,但卡特里克将他挪到中场,与哈维和鲍尔搭档,于是埃弗顿队历史上著名的"神圣三位一体"(The Holy Trinity)诞生了。

03 神圣三位一体

埃弗顿队是二战前最后一个英格兰顶级联赛冠军。二战结束后,"太妃糖"迎来历史最低谷:从 1946—1947 赛季开始,联赛排名逐年下滑,直到 1950—1951 赛季结束后降级。在英乙待了三个赛季后,埃弗顿队才以英乙亚军的身份重返英甲。

1958 年,曼联队前球员乔尼·凯利成为"太妃糖"主帅,经过两个赛季的磨合后,他率领埃弗顿队在 1960—1961 赛季获得英甲第 5 名,而这已经是"太妃糖"在二战之后的最高排名了。但球队主席约翰·莫尔斯对凯利并不满意,直接解雇了他。

莫尔斯是当时英国的著名商人和慈善家,但在解雇凯利这件事上表现得无情。紧接着,他任命带领谢菲尔德星期三队夺得英甲亚军的哈里·卡特里克为埃弗顿队的新任主帅。卡特里克在球员时期踢中锋,在埃弗顿队效力 5 年,但他没有太高的足球天赋,1951 年转会克鲁队后就开始边踢球边兼任教练。

值得一提的是,在转为职业球员之前,卡特里克是一名海军工程师,受到军队的熏陶,他非常注重纪律,要求严格,且性格低调内向,与同城死敌利物浦队的主帅比尔·香克利截然相反。卡特里克对媒体非常抵触,甚至不愿意把首发阵容透露给媒体,在安排出场名单时按照球员的姓名首字母排序,以迷惑媒体和对方主帅。卡特里克还反对电视直播球赛,因为他想让埃弗顿队远离公众的视野,保持神秘性,不被外界所猜透。

第十章 分庭抗礼之蓝

关于卡特里克注重纪律，有一个小故事：埃弗顿队的每名球员手里都有一本册子，每天上午 10 点开始训练，如果 9 点 45 分来到训练场，那就用蓝笔记一次；如果 10 点才到，就用红笔记一次。如果红色次数太多，便会遭到处罚。至于迟到？门儿都没有！虽然训练方式很严格，但正是这种纪律性让所有球员团结一致。

除了要求严格之外，卡特里克在阵容补强方面也独具慧眼。他斥资 27500 英镑从布莱克浦队签下门将戈登·韦斯特，这一转会费创造了当时的英格兰门将身价纪录。韦斯特最早其实是踢后卫的，他和朋友去布莱克浦队试训，决定尝试当一次门将，没想到竟然成功签约。在埃弗顿队，韦斯特效力 13 年之久，一直都是球队的一号门将。

韦斯特在球队里最好的朋友是埃弗顿队队长、中后卫布莱恩·拉博内，两人经常睡在一个房间。拉博内有意大利血统，但他是利物浦本地人，17 岁就加盟埃弗顿队，逐渐成长为球队历史上最伟大的球员之一。他抢断精准，头球能力强，为"太妃糖"出场 534 次，但他的球风非常干净，职业生涯只被罚下过两次。

拉博内被认为是 20 世纪 60 年代英格兰足坛最好的中卫之一，他本可以参加 1966 年世界杯，但因为要结婚而错过，无缘随队夺得世界杯冠军。2006 年拉博内去世时，另一位埃弗顿队前队长凯文·拉特克利夫对其高度评价道："拉博内就代表了埃弗顿队。如果你把埃弗顿队历史上的所有队长都集合起来，我们当中的每个人都希望他来领导我们。他就是埃弗顿队队长的代名词。"

罗伊·弗农是埃弗顿队的主力中锋，长着鹰钩鼻，拉博内调侃他看起来就像是匹诺曹，弗农的左脚射门非常有力量，他也善于把握机会。在弗农身旁的，则是和他同年加盟的阿历克斯·扬。这位扬当然和同名前辈不是一个人，他来自苏格兰，担任内锋，善于用脑踢球，总能观察到队友的位置，因此获誉"金色视觉"。1962—1963 赛季，弗农在 41 场英甲比赛中攻入 24 球，阿历克斯·扬在英甲赛场出场 42 次，也有 22 球入账，"黄金双枪"帮助"太妃糖"夺得第六个英甲冠军！

03 神圣三位一体

1963年,又一位注定将被载入史册的球员代表埃弗顿队完成首秀,他就是科林·哈维。哈维是利物浦本地人,1960年,16岁的他作为青训球员加盟埃弗顿队。1963—1964赛季,埃弗顿队以英甲冠军身份出征欧冠,对阵鼎盛时期的国际米兰队,哈维在这场比赛中完成首秀,当时的他还不满19周岁。虽然球队输球,但一颗新星已经冉冉升起。哈维技术非常出色,踢球风格优雅,被埃弗顿队球迷誉为"白贝利",1965—1966赛季足总杯决赛,他身着10号球衣出场,虽未进球,但帮助球队3比2力克谢菲尔德星期三队,夺得球队历史上的第三个足总杯冠军。

也是在1966年,英格兰队第一次夺得世界杯冠军,年仅21岁的阿兰·鲍尔担任主力右前卫。鲍尔不是传统的沿边路突破的英式边锋,而是回撤到中场、积极跑动并参与防守的边前卫。当然,他的边路传中依旧精准,在世界杯决赛中两次助攻吉奥夫·赫斯特破门,乃英格兰队夺冠的主要功臣之一。这样既有实力又有潜力的年轻球员自然受到很多球队的追逐,最终埃弗顿队花费11.2万英镑将他

201

第十章 分庭抗礼之蓝

从布莱克浦队签下。

1967年3月，卡特里克又做了一桩交易，以85000英镑的转会费从布莱克本流浪者队引进霍华德·肯达尔。利物浦队主帅比尔·香克利也很想签下肯达尔，但被卡特里克抢先一步。年仅20岁的肯达尔在布莱克本流浪者队踢后卫，但卡特里克将他挪到中场，与哈维和鲍尔搭档，于是埃弗顿队历史上著名的"神圣三位一体"（The Holy Trinity）诞生了。

埃弗顿队的"神圣三位一体"里，肯达尔和哈维都是性格内向的人，而鲍尔性格外向，所以不知该如何和两名中场搭档相处。不过随着了解的深入，三人之间的默契慢慢形成，当鲍尔在开玩笑时，肯达尔和哈维也会跟着一起微笑，但自己手头上的事情照干不误。有这三人在中场，埃弗顿队的"腰杆"顿时硬了起来，时隔一年后再次杀入足总杯决赛，可惜在决赛中0比1不敌西布罗姆维奇队，与冠军擦肩而过。

03 神圣三位一体

1969—1970赛季，"神圣三位一体"达到职业生涯的巅峰，埃弗顿队在每场比赛中都能长时间获得中场控制权。而在锋线上，年仅20岁的小将乔·罗伊尔延续了上赛季的神勇发挥。罗伊尔从小就是埃弗顿队球迷，16岁就完成首秀，创下球队最年轻的出场纪录，这一纪录直到2005年才被打破。该赛季，罗伊尔攻入23球，乃队内头号射手。攻守俱佳的埃弗顿队整个赛季只输了5场，最终以9分的巨大优势击败利兹联队，夺得队史第七个顶级联赛冠军！

1970年慈善盾杯，英甲冠军埃弗顿队击败足总杯冠军切尔西队，不过这也是"神圣三位一体"时代的最后一座冠军奖杯。1970—1971赛季，"太妃糖"只获得第14名。更大的震荡是赛季结束之后，卡特里克将鲍尔交易到阿森纳队，"神

第十章 分庭抗礼之蓝

圣三位一体"就此解体。卡特里克本人的身体也突然出现问题：1972年1月，卡特里克因心脏病突发入院，需要一年时间来进行康复。

一年后，莫尔斯劝说卡特里克担任球队的非行政总监，卡特里克答应了，体面地走下帅位。不过在1975年8月，卡特里克还是离开了埃弗顿队，前往普雷斯顿队执教。1985年，已经退休的卡特里克在观看了"太妃糖"的足总杯比赛后心脏病突发身亡，享年65岁。

04

最后的分庭抗礼

虽然英甲开局遭遇两连败,但埃弗顿队很快就重整旗鼓,最终以 13 分的巨大优势夺得球队历史第八个英甲冠军,而排名第二的正是死敌利物浦队!

第十章 分庭抗礼之蓝

1974 年，哈维和肯达尔同时离开，标志着"神圣三位一体"时代的正式结束。辉煌之后就是低谷，除了那个慈善盾杯冠军之外，20 世纪 70 年代的埃弗顿队没有夺得任何一个赛事冠军，多次换帅也未能挽回颓势。直到 1981 年 8 月，肯达尔以球员兼主帅的身份重返"太妃糖"，同时也将"神圣三位一体"时代的光辉重新带回。

与恩师卡特里克一样，肯达尔非常善于挖掘年轻球员，尤其是从小球队发掘潜力新星。1981 年刚上任，他从伯里队交易来 23 岁的威尔士门将内维尔·索夏

04 最后的分庭抗礼

尔,后来索夏尔为"太妃糖"出场751次,成为"太妃糖"出场次数最多的球员,1985年还荣获英格兰足球记者协会评选的年度最佳球员奖项。

1982年,肯达尔从博尔顿队引进后腰彼得·里德。里德的大名当代球迷可能不太熟悉,但在20世纪80年代可是如雷贯耳:1985年,他获得英格兰职业足球运动员协会评选的年度最佳球员称号,而在那一年《世界足球》的年度最佳球员评选中,他也仅次于米歇尔·普拉蒂尼、普雷本·埃尔克耶尔·拉尔森和迭戈·马拉多纳,高居第4名!此外,爱尔兰的攻击型中场凯文·谢迪、英格兰边锋特雷弗·史蒂文也先后加盟。

1983年,肯达尔从狼队引入安迪·格雷。这位苏格兰前锋在加盟埃弗顿队之前就已经是高产射手,来到"太妃糖"时28岁,总能在关键比赛中进球。比如1983—1984赛季足总杯决赛,格雷打入第二球,帮助球队2比0击败沃特福德队,埃弗顿队第四次夺得足总杯冠军。不过这次进球很有争议,因为他是从对方门将的手中将球顶入球门的。

在足总杯决赛中为埃弗顿队先入一球的是格雷姆·夏普,就是前文提到的本来是球队历史第二射手的那位。他于1980年从苏格兰球队邓巴顿队转会而来,但直到肯达尔执教后才成为球队的常规主力。1984—1985赛季,夏普在英甲中攻入21球,成为埃弗顿队夺冠的重要功臣。

1984—1985赛季的"太妃糖",锋线上有夏普和格雷,中场有特雷弗·史蒂文、里德和凯文·谢迪,后防线上有队长凯文·拉特克利夫坐镇,门将依旧是索夏尔。虽然英甲开局遭遇两连败,但埃弗顿队很快就重整旗鼓,最终以13分的巨大优势夺得球队历史第八个英甲冠军,而排名第二的正是死敌利物浦队!

还是在这个赛季,埃弗顿队一路杀入欧洲优胜者杯决赛,并凭借格雷、史蒂文和谢迪的进球,3比1击败维也纳快速队,夺得球队历史上第一个欧洲赛事冠军。足总杯赛场,"太妃糖"也闯入决赛,可惜的是在决赛中0比1不敌曼联队,无缘

第十章 分庭抗礼之蓝

冠军。尽管如此，这已经是"太妃糖"历史上最伟大的一个赛季了。

1985—1986赛季，格雷离开埃弗顿队，肯达尔立刻从莱斯特城队交易来英格兰前锋加里·莱因克尔，结果莱因克尔加盟的首个赛季就在联赛中打入30球，各项赛事总进球数达到40球。不过，埃弗顿队非常遗憾地成为联赛和足总杯"双亚王"。莱因克尔在埃弗顿队待了一个赛季就加盟巴萨队，好在"太妃糖"的整体实力仍在，史蒂文和谢迪承担起进球重任，帮助"太妃糖"在1986—1987赛季取得26胜8平8负的成绩，夺得第九个英甲冠军。

距离第十个英甲冠军只有一步之遥时，肯达尔却突然决定离开球队，据说主要原因是对英格兰球队被禁止参加欧战感到失望，肯达尔于1987年6月前往西班牙执教毕尔巴鄂竞技队。而肯达尔留下的帅位，由"神圣三位一体"中的另一位——哈维接掌，他之前一直担任肯达尔的助理教练。

04 最后的分庭抗礼

哈维执教的第一个赛季，埃弗顿队获得英甲第 4 名；第二个赛季闯入足总杯决赛却屈居亚军，联赛排名则降至第 8 位；第三个赛季依然处于中游。眼见昔日搭档不给力，肯达尔于 1990 年 11 月再次回归，但这一次他只坚持了三年，未能给老东家带来任何荣誉。

进入英超时代，埃弗顿队再也没能荣获冠军，联赛最高排名是 2004—2005 赛季的第 4 名，由大卫·莫耶斯带队创造。杯赛方面，"太妃糖"获得了 1994—1995 赛季足总杯冠军和 1995 年的慈善盾杯冠军，率队夺冠的是曾在卡特里克帐下与肯达尔当过队友的乔·罗伊尔。1997—1998 赛季，肯达尔曾第三次执教埃弗顿队，但成绩更糟糕，之后前往希腊短暂执教，1999 年之后就再未执起教鞭。

2015 年 10 月 17 日，肯达尔去世，享年 69 岁。他的逝去意味着埃弗顿队最辉煌的时代已经彻底远去。

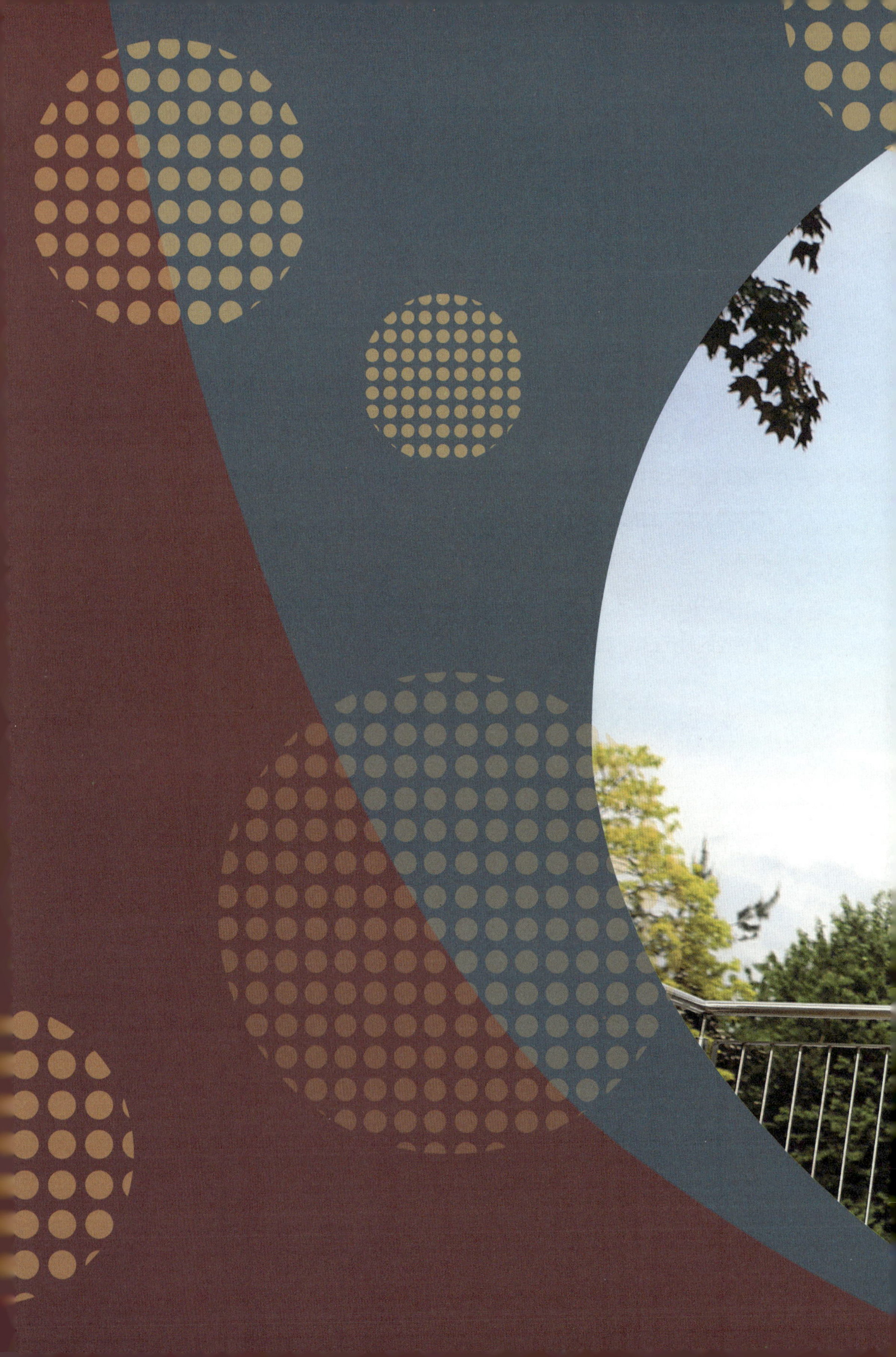

第十一章

白衣飘飘的黄金时代

1991—1992赛季是英甲作为英格兰顶级足球联赛的最后一个赛季，而获得"末代英甲冠军"的是利兹联队。这支身穿白色战袍的球队，在主教练霍华德·威尔金森的带领下创造了历史。但事实上，利兹联队最辉煌的时代早已成为过去，那是由一代名帅唐·里维缔造的白衣飘飘的黄金时代。

01

"孔雀"的蛰伏

汉普森并未给利兹联队的成绩带来实质性提高,之后的几个赛季,"孔雀"一直在积分榜中下游徘徊。更糟糕的是,二战结束后的首个赛季,即 1946—1947 赛季,"孔雀"排名垫底,降入英乙,汉普森也遭到解雇。

01 "孔雀"的垫伏

利兹联队诞生于 1919 年,前身是利兹城队。利兹城队始建于 1904 年,一年后加入足球联赛,在英乙征战。为了提高成绩,球队邀请赫伯特·查普曼担任秘书(当时的球队秘书还承担着教练的职责),在他的带领下,利兹城队获得英乙时期的最高排名——第 4 名。

第一次世界大战期间,联赛方面规定球队不准支付给球员工资,但利兹城队违规操作,结果在 1919 年被勒令解散,这支球队也成为英格兰足坛历史上第一个在赛季进行中解散的球队。不久之后,利兹城队经过转让,成为利兹联队。当年 10 月,原来利兹城队的所有资产被拍卖,包括 16 名球员。

1920 年,哈德斯菲尔德队的主席希尔顿·克劳瑟计划将自己的球队和利兹联队合并,但此举遭到哈德斯菲尔德队球迷的反对,于是克劳瑟干脆离开,直接去担任利兹联队的主席。当年 5 月,绰号"孔雀"的利兹联队获准加入足球联赛。在英乙的第一个赛季,"孔雀"夺得第 14 名,此后步步高升,并在 1923—1924 赛季夺得冠军,这也是其成立后的第一个冠军。

利兹联队历史上的第一位主教练是利兹城队前队长迪克·雷,而克劳瑟担任主席后,立刻将当时哈德斯菲尔德队的主教练亚瑟·费尔克拉夫"挖"到"孔雀",雷转为助理教练。费尔克拉夫又从哈德斯菲尔德队带来后卫吉姆·巴克尔,巴克尔有幸成为利兹联队历史上第一位队长。正是在费尔克拉夫的带领下,"孔雀"历史上首次闯入英甲。

1924—1925 赛季,首次征战顶级联赛的利兹联队陷入财政危机,借助球迷

第十一章 白衣飘飘的黄金时代

的募资才走出困境，克劳瑟也得以惊险保住主席的位子。球队在赛季上半程表现不佳，走出财政危机的克劳瑟立刻掏钱，费尔克拉夫交易来三名关键球员，最著名的是苏格兰前锋汤姆·詹宁斯，他在167场比赛里为"孔雀"打入112球，乃球队历史上的第一位超级明星。有了詹宁斯的助力，利兹联队在最后8场比赛里取胜4场，获得第18名，惊险保级成功。

1925—1926赛季，詹宁斯攻入26球，但他独木难支，利兹联队的排名下跌一位，距离降级越来越近。1926—1927赛季，詹宁斯大爆发，斩获37球，超过全队总进球数（69球）的一半，却无法挽救"孔雀"降入英乙的命运。赛季结束后，费尔克拉夫宣布辞职，已经前往唐卡斯特流浪者队执教的雷重返利兹联队担任主帅。仅用一个赛季，雷就将利兹联队带回英甲，但在英甲待了三年后，"孔雀"又遭遇第二次降级。历史惊人地相似，雷一年后再次率队夺得英乙亚军，重返英甲。

雷在利兹联队的最佳战绩是获得1929—1930赛季的英甲第5名。他的最大功绩不在于联赛排名，而是挖掘出不少有天赋的新星，比如后卫伯特·斯普罗斯通、厄尼·哈特、中场维尔夫·柯平、威利斯·爱德华兹、内锋比利·福尔尼斯、埃里克·斯蒂芬森、前锋亚瑟·海德斯等人，其中三人入选过英格兰队。此外还有吉姆·米尔伯恩和乔治·米尔伯恩兄弟，米尔伯恩家族是当时著名的足球家族，他们还有一个兄弟杰克·米尔伯恩也效力过利兹联队，另一个兄弟斯坦利·米尔伯恩也是职业球员。

1934年，雷将利兹联队核心柯平交易至阿森纳队，结果导致球队在1934—1935赛季成绩大滑坡。重压之下，雷于1935年3月主动辞职，他的继任者是比利·汉普森。一战时，汉普森曾是利兹城队的"嘉宾球员"，此后效力过赫尔城队、纽卡斯尔联队等，直到47岁才正式退役。汉普森并未给利兹联队的成绩带来实质性提高，之后的几个赛季，"孔雀"一直在积分榜中下游徘徊。更糟糕的是，二战结束后的首个赛季，即1946—1947赛季，"孔雀"排名垫底，降入英乙，汉普森

01 "孔雀"的蛰伏

也遭到解雇。

  这一次，利兹联队没有立刻重返英甲，而是在英乙待了九个赛季，这段时期也是球队成立以来的最低谷。而在1953年，莱奇·卡特的到来让球队逐渐走出低谷。卡特球员时代是英格兰国脚，司职内锋，在桑德兰队成名，1948年加入赫尔城队担任球员兼教练，带领球队夺得第三级别联赛的冠军。而在1949年，卡特从莱斯特城队交易来一名年轻球员，他的名字叫作唐·里维。

215

第十一章 白衣飘飘的黄金时代

卡特执教利兹联队之后，以威尔士球员约翰·查尔斯为核心组建球队。查尔斯是利兹联队和威尔士足坛中最伟大的球星之一，17岁时从故乡斯旺西来到利兹联队效力，在时任"孔雀"主帅、狼队前名帅巴克利手下，查尔斯踢过多个不同的中后场位置。1952年开始，查尔斯改打中锋，这完全激活了他的进球本能，卡特到来后，将他稳定在这个位置上。1953—1954赛季，查尔斯打入惊人的43球，1955—1956赛季，在联赛中打入29球的他更是帮助"孔雀"夺得英乙亚军，终于重返顶级联赛。

1956—1957赛季，查尔斯在英甲斩获38球，球迷甚至把利兹联队称为"查尔斯联队"，时至今日，他仍是利兹联队的历史第二射手。威尔士前锋因此得到尤文图斯队的青睐，1957年8月，他以创英格兰足坛纪录的65000英镑从利兹联队转投尤文图斯队。1957—1958赛季，失去领袖的利兹联队立刻从上赛季的第8名暴跌至第17名，1959—1960赛季更是只获第21名，不幸降级。

02

里维的到来

上任之后,里维立刻展开大刀阔斧的改革。

第十一章 白衣飘飘的黄金时代

1958年6月,卡特与利兹联队的合同到期,双方出人意料地没有续约,于是卡特离开了执教五年的"孔雀"。5个月之后,卡特当年担任赫尔城队主帅时签下的那个叫唐·里维的小伙子,以14000英镑的身价从桑德兰队加盟利兹联队,当时没有谁会料想到,这会是里维与利兹联队传奇的开端。

里维出生于1927年7月10日,父亲是一名工匠,在经济大萧条时期经常失业,母亲是一名洗衣工,在他12岁时就因患上癌症去世。家境困苦的里维选择以足球为生,1944年8月与莱斯特城队签下人生中的第一份职业合同。其实,莱斯特城队原本不认为里维有能力成为职业球员,但效力莱斯特城队20年的塞普·史密斯在看过里维的比赛之后,发现他在场上很有想法,于是向球队极力推荐。

史密斯是里维足球生涯里的第一位导师,他告诉只有17岁的里维:"当你不在位置的时候,要马上跑到位置上去;当你能用传球击败对方球员时,

02 里维的到来

就不要靠过人来击败他；不是人来控球，而是人跑到位置上去传球。这一切的目的就是通过一次传跑来制造多出一个人的局面。这样一来，足球就会变得简单。"

莱斯特城队主帅约翰尼·邓肯对里维的天赋非常认可，以他为核心组建球队。1948—1949赛季，里维在各项赛事中攻入20球，还帮助莱斯特城队闯入足总杯决赛。不过在决赛前一周，他鼻子大量出血，无奈缺席决赛，最终只能在收音机中听到莱斯特城队决赛失利的消息。该赛季结束后，邓肯辞去主帅一职，里维随之做出离队决定，加盟卡特执教的赫尔城队。

1951年从赫尔城队转会曼城队之后，里维迎来球员生涯最辉煌的时期，这是他第一次征战顶级联赛。效力曼城队的前两个赛季，里维因为不适应球队的节奏而不受主帅莱斯·麦克道尔的重用。转折发生在1953年11月25日，英格兰队在主场3比6惨败给匈牙利队。那场比赛，匈牙利队中锋希代古提频繁回撤，令英格兰队中卫比利·赖特无从盯防，而希代古提最终上演帽子戏法。

希代古提被认为是"拖后中锋"的开创者，麦克道尔从中很受启发，决定将匈牙利队的这套打法移植到曼城队身上。他先是在曼城预备队进行实验，然后在1954—1955赛季开始前两周在一线队推行。麦克道尔将里维视为曼城队的希代古提，所以这套战术改革也被称作"里维计划"。

"里维计划"实行的第一场比赛，曼城队遭遇0比5惨败，但在球员逐渐熟悉新战术之后，战斗力终于爆涨，曼城队一举闯入1954—1955赛季足总杯决赛，可惜不敌纽卡斯尔联队，错失冠军。一年后，曼城队重返足总杯决赛，开场仅3分钟，里维就助攻乔·海耶斯破门得分，最终帮助球队3比1击败伯明翰队夺冠，这也是里维球员生涯的第一个冠军。

后来，里维和麦克道尔闹翻，于1956年转会桑德兰队。1957—1958赛季，桑德兰队战绩不佳惨遭降级，第二个赛季改为着力培养年轻人，已经31岁的里维不在球队计划之中，于是他在1958年11月加盟利兹联队。刚一加盟"孔雀"，

第十一章 白衣飘飘的黄金时代

他就被任命为队长，但一直无法带领球队走出低谷。1961年3月，率队降级的主帅杰克·泰勒被解雇，利兹联队决定任命踢球经验丰富的里维担任球员兼教练，本来打算前往伯恩茅斯队的里维欣然接受，正式开启自己的执教生涯。

上任之后，里维立刻展开大刀阔斧的改革。他宣布改善球员的住宿条件，同时着力在埃兰路球场营造家庭般的氛围，使得整支球队团结一致，球员之间的关系像家人一样和谐。随后，他决定将球衣原来的蓝色和黄色改成皇马队式的白色，还因为迷信鸟类会带来坏运气，把球队队徽上的猫头鹰去掉，而且要求停止使用"孔雀"这一绰号，改为"白军"。

教练团队的组建方面，里维沿用了泰勒留下的两名教练组成员，西德·欧文担任一线队教练，莱斯·库克担任训练师，后者是第一批英足总教练资格的拥有者之一，还是1966年英格兰队夺得世界杯冠军的教练组成员。同时，里维还选择毛里斯·林德利担任自己的助理教练和首席球探。

02 里维的到来

球员方面，虽然当时利兹联队处于英乙，但已有两人声名鹊起。一个是苏格兰中场比利·布伦内尔，他年少成名，很小就代表苏格兰学生队对阵英格兰学生队，以出色的发挥赢得切尔西队和阿森纳队的青睐，但他觉得伦敦太远，最终选择了位于约克郡的利兹联队。有意思的是，布伦内尔的首秀就是与里维并肩作战，他贯穿利兹联队的整个"里维时代"，是唯一参加了里维执教第一场和最后一场比赛的球员。另一个是杰克·查尔顿，曼联队传奇球星博比·查尔顿的哥哥。因为舅舅吉姆·米尔本在利兹联队踢球，他 15 岁时获得过一次试训的机会，但没能征服球探，只能和父亲一起从事煤矿工作。不久后，查尔顿决定申请成为警察，可与此同时又收到利兹联队让他再次试训的通知。试训比赛和警察面试的时间紧挨着，他下定决心去参加试训，于是世界上少了一个好警察，多了一名好球员。

第十一章 白衣飘飘的黄金时代

加入利兹联青年队后，查尔顿仅用两年时间就升入一线队。里维一开始并不喜欢他，经常变换他的位置。1962年，里维告诉查尔顿可以放他离开，利物浦队主帅比尔·香克利和曼联队主帅马特·巴斯比都想要他。查尔顿本人自然更想加盟曼联队与弟弟会合，但巴斯比后来犹豫了，希望把中后卫位置留给年轻人，感到失望的查尔顿最终决定与利兹联队续约。而在与查尔顿的交流中，里维也逐渐认识到他在后防线上的实力，于是决定以其为核心重组防线。

在重建主力阵容的过程中，里维慧眼识珠，引进、提拔了大批年轻球员。比如威尔士门将加里·斯普拉克，他在代表当地一家工厂球队比赛时被利兹联队的球探相中。1962年，斯普拉克出于巧合完成利兹联队首秀：客场对阵南安普顿队一战，利兹联队的主力门将因胃部不适无法出场，"白军"专门包机把当时还在利兹的斯普拉克带了过来，为了等这个年仅17岁的门将抵达、更衣、热身，比赛还被迫推迟。

再比如诺曼·亨特，他是里维上任后第二个签约的球员，年仅19岁就被委以重任，与大他8岁的查尔顿搭档中后卫。虽然年轻，但亨特非常勇猛，是当时英格兰足坛最著名的硬汉之一，他的脚法也非常出色，长传和远射都是一把好手。还有右后卫保罗·雷尼，在里维把他召到利兹联队当学徒之前，雷尼只是一个汽车修理工，18岁时他就成为"白军"的主力，曼联队传奇球星乔治·贝斯特曾经称赞他是自己遇到过的最难对付的两名后卫之一。左后卫洛德·约翰逊也是在18岁时成为利兹联队主力的，所以当时"白军"后防线的情况是"一老带三新"。

中场方面，里维从埃弗顿队引进苏格兰球员博比·科林斯，并委任他为队长；再从曼联队签下爱尔兰中场约翰尼·吉勒斯，吉勒斯原本是曼联队的主力，但与主帅巴斯比爆发矛盾后离队；还在与曼联队的争夺中胜出，抢到天才新星彼得·洛里默，洛里默司职右边锋，但他并非传统的突破传中型边锋，更擅长内切传球和射门，还能隐藏在两名前锋身后，担任组织型中场的角色。

02 里维的到来

锋线方面，里维将传奇球星约翰·查尔斯从尤文图斯队签回，可惜查尔斯的表现难复当年之勇，所以几个月后就被交易到罗马队。不过里维还是有所收获的，1964年1月，他从米德尔斯堡队交易来前锋阿兰·皮考克，而皮考克在赛季最后14场比赛中打入关键的8球，帮助利兹联队在1963—1964赛季结束后以英乙冠军的身份重返英甲！

不过在升级的过程中，"白军"也背上了骂名，以队长科林斯为首的利兹联队球员非常注重身体对抗，铲球动作也很凶狠，结果被对手和媒体批评踢球太"脏"，而"脏"也是里维整个执教生涯中最受人诟病之处。

03

"白军"的黄金时代

"双冠王"带来的巨大信心,帮助利兹联队打破了争夺英甲冠军的最后一层屏障。

03 "白军"的黄金时代

时隔五年重返顶级联赛的利兹联队立刻成为一匹黑马。1964—1965赛季第1轮,"白军"客场挑战阿斯顿维拉队,主力11人中只有5人有顶级联赛经验,利兹联队球员不可避免地陷入到紧张情绪当中,上半场双方战成1比1。中场休息时,里维并没有大吼大叫,而是要求球员不要像疯子一样乱跑,要冷静下来,通过传球来寻找对方的防守空当,结果下半场利兹联队再入一球,查尔顿打入制胜球。

信心大增的利兹联队迅速取得开局三连胜,虽然随后遭遇三轮不胜,但最重要的是经历这段时间的波折后,"白军"球员已经适应英甲的节奏。于是从10月

第十一章 白衣飘飘的黄金时代

开始，利兹联队大发神威，取得七连胜！不过在最重要的一场比赛中，"白军"失手了：1965年4月，争冠形势白热化，利兹联队遇到曼联队，查尔顿兄弟同场竞技，结果曼联队1比0取胜。

输给争冠主要对手的利兹联队信心受到打击，紧接着又在客场0比3不敌谢菲尔德星期三队。不过里维很快就调整好了球员的心态，最后3场比赛取得2胜1平，与曼联队同获26胜9平7负的成绩。积分相同，就得比较得失球了。利兹联队进83球、失52球，得失球为1.596；曼联队进89球、失39球，得失球为2.282，所以，"白军"遗憾地与英甲冠军擦肩而过。祸不单行的是，闯入足总杯决赛的利兹联队在决赛中1比2不敌利物浦队，无奈成为"双亚王"。

接下来的1965—1966赛季，利兹联队再获联赛亚军，这一次，"白军"比曼联队多拿4分，但输给了香克利执教的利物浦队。连续两年只差一步就能夺冠，里维遗憾之余决定继续补强阵容。

他开始在内部挖掘潜力球员，将原本司职左边锋的特里·库珀改造成左后卫。队长科林斯受伤后，他让布伦内尔和吉勒斯搭档中前卫，并在1967年将伤愈后难返巅峰状态的科林斯交易到伯里队。左前卫位置上，他提拔18岁的苏格兰小将埃迪·格雷，与右路的洛里默不同，格雷是典型的英式边锋，擅长利用快速突破过掉对方边后卫，完成传中。

引援方面，里维做出的最重要决定是在1967年从谢菲尔德联队引入中锋米克·琼斯。效力谢菲尔德联队期间，琼斯在149场联赛中攻入63球，所以当他被交易到利兹联队时，谢菲尔德联队主帅约翰·哈里斯痛心疾首地表示："这是球队历史上做出的最错误的决定。"琼斯一到利兹联队，里维就把象征主力的9号球衣给了他，而琼斯很快就用实际行动回报了主帅的信任：1967—1968赛季，他在国际城市博览会杯首回合决赛中打入一球，帮助利兹联队1比0力克匈牙利劲旅费伦茨瓦罗斯队，并最终夺冠。

03 "白军"的黄金时代

该赛季，利兹联队还闯入联赛杯决赛，与阿森纳队展开较量。琼斯因伤缺席，但库珀挺身而出，在第20分钟打入一球，帮助"白军"1比0取胜。虽然联赛里"白军"连续第二个赛季排名第4位，但联赛杯加国际城市博览会杯的"双冠王"头衔，还是让1967—1968赛季成为利兹联队成立以来最成功的一个赛季。

"双冠王"带来的巨大信心，帮助利兹联队打破了争夺英甲冠军的最后一层屏障。1968—1969赛季，"白军"从第一轮就开始强势出击，前9轮7胜2平保持不败。9月下旬和10月中旬，利兹联队分别在客场输给曼城队和伯恩利队，但这竟成为利兹联队该赛季仅有的两场联赛失利！11月和12月，"白军"取得5胜4平，进入1969年后更不可阻挡，虽然在足总杯第3轮就被淘汰，但在联赛里取得9战8胜1平，一下子便把追赶者甩在身后。

第十一章 白衣飘飘的黄金时代

　　最终，利兹联队在42轮联赛里取得27胜13平2负的成绩，获得67个积分，以6分优势压过利物浦队，历史上第一次夺得顶级联赛冠军！同时，"白军"也创造了诸多英甲的历史纪录：最高积分夺冠（67分），原纪录是阿森纳队（1930—1931赛季）和热刺队（1960—1961赛季）共同保持的66分；最高主场积分（39分）；最多胜利（27场）；最多主场胜利（18场）；最少失利（2场），原纪录是阿森纳队（1930—1931赛季）的4场。

04

时代的落幕

率领利兹联队夺得 8 个各项赛事冠军（包括英乙）之后，里维到了离开的时候。

第十一章 白衣飘飘的黄金时代

打破一连串历史纪录夺冠后，里维和利兹联队的目标很明确：继续书写历史，缔造白衣飘飘的足球王朝。为了能够成功卫冕，里维以16.5万英镑的转会费从莱斯特城队引进中锋阿兰·克拉克，让他与琼斯搭档锋线。克拉克出身于足球家族，包含他在内的五个兄弟都踢职业比赛，而且其中四人的职业生涯都是从西米德兰的瓦尔沙尔队起步。克拉克在禁区内的嗅觉非常灵敏，获誉"嗅探者"，在莱斯特城队一个赛季各项赛事中攻入16球，获得里维青睐。

接下来的1969—1970赛季，对于利兹联队来说是既遗憾又成功的一个赛季。遗憾是指他们不敌埃弗顿队，屈居英甲亚军，无缘卫冕；足总杯半决赛淘汰曼联队，决赛面对切尔西队，查尔顿和琼斯帮助利兹联队两次领先，但两次被对手扳平比分，双方2比2战平只能择日重赛，重赛中，"白军"在第35分钟由琼斯打破场上僵局，但最后惨遭逆转，1比2痛失冠军；获得"双亚王"的同时，利兹联队第一次参加欧冠打入半决赛，可惜被凯尔特人队以总比分1比3淘汰，倒在决赛之外。

成功是指利兹联队2比1战胜上赛季足总杯冠军曼城队，历史上第一次夺得慈善盾杯冠军，格雷和查尔顿在下半场各入1球，锁定胜局；锋线搭档琼斯和克拉克大爆发，各项赛事均贡献26球，令"白军"虽无缘联赛冠军，仍拥有英甲最强进攻火力，42轮联赛攻进84球，比埃弗顿队多进12球！所以，"双亚王"并未让雄心勃勃的里维丧失斗志，他决定以原班阵容征战1970—1971赛季。

04 时代的落幕

  1970—1971赛季，里维拒绝了伯明翰队的重金诱惑继续留队执教，利兹联队仍是英甲冠军的最有力争夺者之一，最主要的竞争对手是阿森纳队。两队在积分榜上一直紧咬积分，但倒数第四轮利兹联队在主场1比2负于西布罗姆维奇队，让"白军"痛失夺冠好局，以1分之差惜败，屈居亚军。

  虽然连续第二个赛季与英甲冠军擦肩而过，不过利兹联队在欧洲赛场上有所斩获。"白军"一路杀入国际城市博览会杯决赛，对阵尤文图斯队。首回合，"白军"两次落后、两次扳平，客场2比2逼平对手。第二回合回到埃兰路球场，克拉克在第12分钟就为利兹联队取得领先，虽然尤文图斯队8分钟后扳平比分，但两队随后再无进球入账。最终，利兹联队与对手战成3比3，凭借客场进球多的优势夺得第二个国际城市博览会杯冠军！

第十一章 白衣飘飘的黄金时代

然而因为球员和里维在上个赛季的英甲比赛中有对裁判的不满言论，1971—1972赛季利兹联队遭遇处罚：英甲的前4个主场比赛需到中立场地进行。不过拥有强大攻击力的"白军"未受太大影响，开局还算顺利，甚至奉献过5比1纽卡斯尔联队的大胜。进入赛季中期，里维带领球队迅猛发力，拿下5比1曼联队、7比0南安普顿队、6比1诺丁汉森林队等酣畅淋漓的大捷，在积分榜上与德比郡队并驾齐驱。然而进入收官阶段，"白军"的表现出现滑坡，尤其是最后一轮1比2不敌狼队，以1分之差落后德比郡队，竟然连续第三个赛季获得亚军！

好在杯赛方面有所收获，利兹联队闯入足总杯决赛，这次没有重蹈两年前的覆辙，凭借克拉克在第53分钟的进球1比0力克阿森纳队，夺得球队历史上第一个足总杯冠军。算起来，利兹联队历史上的第一个顶级联赛冠军、第一个联赛杯冠军、第一个欧洲赛事冠军、第一个慈善盾杯冠军、第一个足总杯冠军，都是里维率队取得的，他是当之无愧的"白军教父"！

04 时代的落幕

1972—1973 赛季，查尔顿宣布退役，里维从苏格兰圣米伦队签下戈登·麦卡奎因作为查尔顿的接班人。利兹联队再度成为"双亚王"，只不过这次是足总杯亚军和欧洲优胜者杯亚军。足总杯上，"白军"在决赛中 0 比 1 憾负桑德兰队；欧洲优胜者杯决赛，比分同样是 0 比 1，利兹联队开场第 5 分钟便丢球，第 89 分钟亨特还被红牌罚下，最终不敌 AC 米兰队。而联赛里，利兹联队没再获得亚军，而是后退一步获得第三名，落后冠军利物浦队 7 分。

1973—1974 赛季，里维又收到埃弗顿队的执教邀请，合同总金额高达 5 年 10 万英镑，另外还有 5 万英镑的签字费。但当时英国议会出台法律，为了抑制通货膨胀而禁止增加工资，所以双方的谈判破裂，里维继续留在利兹联队执教。利兹联队球迷应该感谢议会出台的新法律，若无它，"白军"的第二个顶级联赛冠军恐怕不会到来。

为了集中力量冲击英甲冠军，里维一方面继续保持阵容的稳定性，没有引进新人；另一方面战略性放弃杯赛，结果利兹联队在欧洲联盟杯第 3 轮出局，足总

第十一章 白衣飘飘的黄金时代

杯走到第 5 轮，联赛杯甚至在第 2 轮就被淘汰。这一策略非常奏效，"白军"在联赛里以七连胜强势开局，上半程保持不败，第一场失利直到 1974 年 2 月 23 日才到来！虽然进入 3 月中旬以后，利兹联队遭遇三连败，但前面积累的优势非常明显，最后三轮联赛连胜过后，"白军"以 5 分的优势力压利物浦队，时隔五年再夺英甲冠军！

率领利兹联队夺得 8 个各项赛事冠军（包括英乙）之后，里维到了离开的时候。这一次的邀请令他实在无法拒绝：接班功勋主帅阿尔夫·拉姆塞，执掌英格兰队的教鞭。拉姆塞虽率领英格兰队夺得 1966 年世界杯冠军，但 1970 年世界杯止步八强、1972 年欧洲杯和 1974 年世界杯未能进入决赛圈的成绩还是令他被英足总解雇。曼城队名帅乔·默瑟担任临时教练，而所有人都看好里维成为拉姆塞的真正接班人，特别是英足总秘书特德·克罗克尔。众望所归的里维最终在 1974 年 7 月离开利兹联队，升任英格兰队主帅。

05

名帅之家

将帅从一开始就不和,利兹联队的成绩就可想而知了,开局6轮联赛只赢了1场。

第十一章 白衣飘飘的黄金时代

后来的事实证明，里维和利兹联队分手是两败俱伤的选择。里维执教英格兰队，未能率队闯入1976年欧洲杯和1978年世界杯决赛圈，英格兰队连续缺席两届国际大赛。虽然英足总依然表示支持他继续执教，但里维已经在自谋出路了。他谎称外出侦查比赛窥探敌情，却跑到迪拜与阿联酋队协商执教事宜。谈妥后，里维要求英足总取消双方的合同，但英足总拒绝。于是他找《每日邮报》做了一个专访，直接表示自己会让出帅位，转而执教阿联酋队。英足总勃然大怒，对其处以10年禁止从事足球行业的严厉处罚。里维自然不服气，与英足总对簿公堂，最终法院推翻了英足总的处罚决定。

05 名帅之家

里维如愿以偿前往中东执教，虽然未能率领阿联酋队取得好成绩，但确实促进了该国足球设施的改善和整体水平的进步，为阿联酋队闯入1990年世界杯决赛圈打下坚实基础。20世纪80年代，他又先后执教阿联酋和埃及的球队。

1985年，里维回到英格兰，本来有意执教女王公园巡游者队，但双方的谈判没能完成。自那之后，他再也没有涉入足坛。1987年5月，里维被查出患有运动神经元疾病。一年后，坐着轮椅的里维最后一次在埃兰路球场公开亮相。1989年5月26日，里维在爱丁堡的一家医院去世，享年61岁。在葬礼上，利兹联队派出代表参加，但英足总没有派出任何官员。

再来看利兹联队。里维的接班人是日后带领诺丁汉森林队缔造奇迹的布莱恩·克拉夫，然而在利兹联队，克拉夫只演绎了一幕短暂的悲剧。这一任命出乎所有人意料，因为他曾猛烈抨击过里维的执教风格，怒斥利兹联队的踢法太"脏"，甚至声称利兹联队应该为其"肮脏"接受降级处罚。

没有最佳搭档彼得·泰勒在身旁，克拉夫依然底气十足，之前的章节里讲过他的相关事迹，为了方便说明，在此直接引用："执教利兹联队的第一天，克拉夫就在训练场上对所有球员说：'把你们的奖牌都扔到池子里去，因为它们是通过不公平的手段赢得的！'对于克拉夫这种轻蔑的态度，利兹联队的球员无论如何也无法忍受。将帅从一开始就不和，利兹联队的成绩可想而知：开局6轮只取1胜。多名球员联合上书要求解雇克拉夫，利兹联队的董事会也没犹豫，于1974年9月12日将克拉夫解雇，算起来，克拉夫只在利兹联队的帅位上待了44天。"

克拉夫悲剧性下课后，利兹联队选择吉米·阿姆菲尔德担任球队的新任主帅。阿姆菲尔德是英格兰传奇球星，整个职业生涯都在布莱克浦队效力，长达17年，曾代表英格兰队出场43次，1966年世界杯他也入选了大名单，但因伤没有出过场。1971年退役后，阿姆菲尔德执教博尔顿队，带队获得第三级别联赛冠军，成功打入英乙，这样的履历博得利兹联队的青睐。

第十一章 白衣飘飘的黄金时代

1974—1975 赛季，利兹联队只获得英甲第 9 名，但一鼓作气闯入欧冠决赛。不过在决赛中，"白军"遇到了弗朗茨·贝肯鲍尔和盖德·穆勒率领的拜仁慕尼黑队，最终 0 比 2 败下阵来，未能夺得冠军。这支欧冠亚军的阵容仍是里维留下来的。之后的三个赛季，阿姆菲尔德想要重建利兹联队，他也确实引进了威尔士中场布莱恩·弗林、英格兰中场托尼·库里等实力派球星，但"白军"一直在积分榜中游徘徊。最终，阿姆菲尔德于 1978 年 6 月下课。

利兹联队的下一任主帅是苏格兰名帅乔克·斯坦。斯坦率领凯尔特人队夺得过 10 次苏格兰顶级联赛冠军、8 次苏格兰杯冠军、6 次苏格兰联赛杯冠军，还在 1966—1967 赛季问鼎欧冠。斯坦此前从未流露出执教英格兰球队的兴趣，所以利兹联队球员虽然对他的上任感到欣喜，但同时也担心他无法在球队坚持太久。

"白军"在经历里维时代的辉煌之后，已经不可避免地开始走下坡路，来到

05 名帅之家

埃兰路球场看球的球迷人数屡创新低,从辉煌时代的场均超过3.7万人到1978—1979赛季的场均2.7万人,观众人数场均下降1.0万!果然,斯坦很快就对执教利兹联队失去兴趣,他非常想念带领凯尔特人队征战欧洲赛场的感觉,所以当时任苏格兰队主帅伊恩·麦科尔下课后,斯坦向苏格兰足总毛遂自荐。虽然利兹联队方面不允许斯坦与苏格兰足总接触,但斯坦去意已决,最终选择辞职。

06

最后的冠军

利兹联队是英甲作为英格兰顶级足球联赛时的最后一支冠军球队,霍华德·威尔金森也是截至 2023—2024 赛季结束最后一位夺得顶级联赛冠军的英格兰主帅。

06 最后的冠军

眼见克拉夫、阿姆菲尔德、斯坦等名帅都未能拯救球队，利兹联队决定换个选帅方式，从昔日球员里挑选。于是克拉克、格雷、布伦内尔先后上任，结果是越换越惨：1981—1982赛季，克拉克带队仅获第20名，不幸降入英乙，这是利兹联队自1963—1964赛季以来第一次征战英乙！后面几位也都未能率领老东家成功升级。

1988年10月10日，霍华德·威尔金森成为利兹联队的新帅。威尔金森球员时代司职边锋，但没有效力过什么知名球队，最大牌的是谢菲尔德联队。退役后，他在诺茨郡队开启全职执教生涯，1983年执教谢菲尔德星期三队；第一个赛季就率队升入英甲，1985—1986赛季甚至将球队带到了英甲第5名的位置上。

第十一章 白衣飘飘的黄金时代

执教利兹联队后，威尔金森一方面制定严格的纪律并要求球员照此执行，因此获得"军士"的绰号。另一方面，他在转会市场上大展身手：1989 年从曼联队引进苏格兰中场戈登·斯特拉坎，并任命其为队长；从温布尔登队引进著名的"恶汉"维尼·琼斯。琼斯的恶名想必大多数英超球迷都听说过，他是温布尔登队的代表球星，职业生涯领到过 11 张红牌，有过登场 3 秒钟就领到黄牌的纪录，但在纪律严明的威尔金森帐下，他只有 3 次染黄。

此外，克里斯·费尔克拉夫、梅尔·斯特兰德的到来巩固了利兹联队的后防线，而曾效力过阿森纳队、桑德兰队、诺丁汉森林队等多家球队的英格兰中锋李·查普曼则提升了进攻线的实力。

在威尔金森的率领下，阵容增强的利兹联队获得 1989—1990 赛季英乙亚军，终于重返英甲。升级后，威尔金森立刻将琼斯交易到谢菲尔德联队，随后引进苏格兰中场加里·麦卡利斯特作为补充。麦卡利斯特在莱斯特城队踢出名堂，加盟利兹联队后效力长达 6 年，之后还曾在利物浦队度过两个赛季。这还不够，威尔金森又从利兹联青年队提拔了威尔士中场加里·斯皮德。

斯特拉坎、麦卡利斯特、斯皮德，再加上同样是利兹联队青训出身的大卫·巴蒂，组成了攻守兼备的中场四人组，成为利兹联队的脊梁。最终，他们帮助"白军"夺得 1990—1991 赛季的英甲第 4 名，这样的成绩对于一支升班马来说，已经足够值得骄傲了。但威尔金森并未就此满足，他在 1991 年继续引援补强阵容：英格兰球员托尼·多里格担任左后卫，罗德·华莱士加盟，与查普曼搭档锋线。

06 最后的冠军

1991—1992赛季，对利兹联队来说是一个冲击冠军的好机会。一方面，球队的阵容实力再次得到提升。另一方面，上赛季的冠军阿森纳队和亚军利物浦队实力严重下滑。利兹联队开局非常顺利，前10轮保持不败，虽然10月1日在客场0比1输给水晶宫队，但这只是下一次连场不败的序幕，直到1992年2月8日，"白军"的第二场联赛失利才到来。

当时利兹联队的主要争冠对手是曼联队，虽然联赛杯八强战和足总杯第三轮，"白军"都被曼联队淘汰，但联赛的两回合交锋都战成1比1，利兹联队未落下风。在只剩五轮的冲刺阶段，威尔金森的球队取得4胜1平的骄人战绩，最后三轮全胜，42战取得22胜16平4负、积82分的成绩，最终以4分优势力压曼联队，夺得第三个顶级联赛冠军！

第十一章 白衣飘飘的黄金时代

利兹联队是英甲作为英格兰顶级足球联赛时的最后一支冠军球队,霍华德·威尔金森也是截至2023—2024赛季结束最后一位夺得顶级联赛冠军的英格兰主帅。而在这支冠军球队中,有一位来自法国的26岁球员,他在1992年2月才正式加盟利兹联队,踢了15场联赛仅打入3球。在利兹联队夺冠的半年后,他离开"白军",加盟另一支球队,但那是另一段历史、另一个故事了。对了,他的名字叫埃里克·坎通纳。

进入英超时代,利兹联队有过短暂的复苏。2000—2001赛季,大卫·奥莱利率领"白军"在欧冠先后击败了拉齐奥队和AC米兰队等豪门劲旅,不过最终在半决赛不敌瓦伦西亚队。

2003—2004赛季,利兹联队获得英超第19名,不幸降入英冠。2006—2007赛季,利兹联队在赛季结束之前申请进入财务托管,后来又被扣除10个联赛积分,球队以联赛榜尾身份降级。由于财务问题,2007—2008赛季开始之前,

06 最后的冠军

利兹联队又被扣除 15 个联赛积分。

如今的利兹联队在英冠征战，上一次出现在英超赛场还是 2022—2023 赛季。2020—2021 赛季，是"白军"自 2003—2004 赛季降级之后第一次重返英超，征战三个赛季后再度降级。英超创立已经 30 余年，而作为英甲时代的最后一个联赛冠军，利兹联队却再也没有获得任何一个顶级联赛冠军。

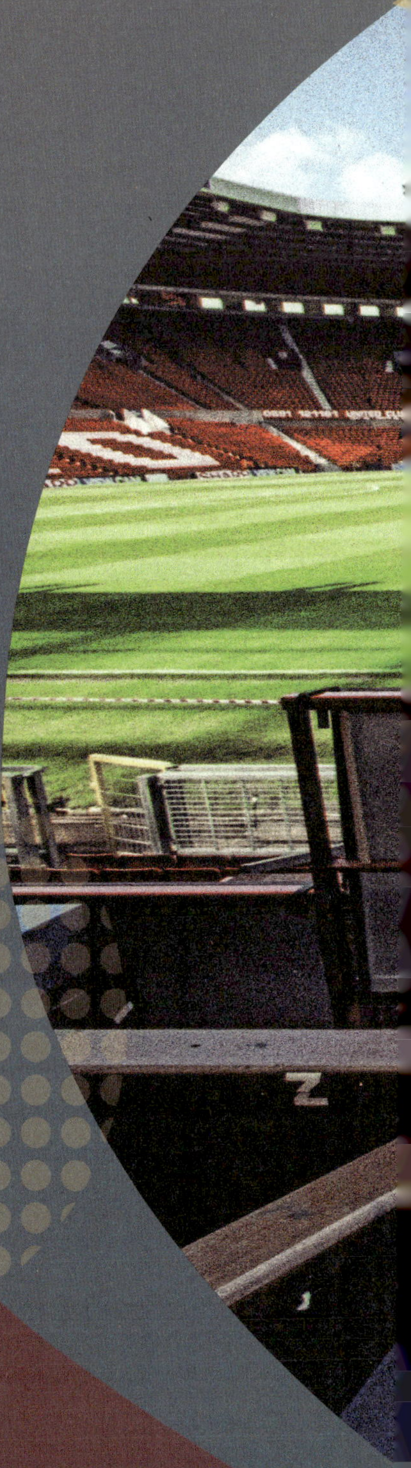

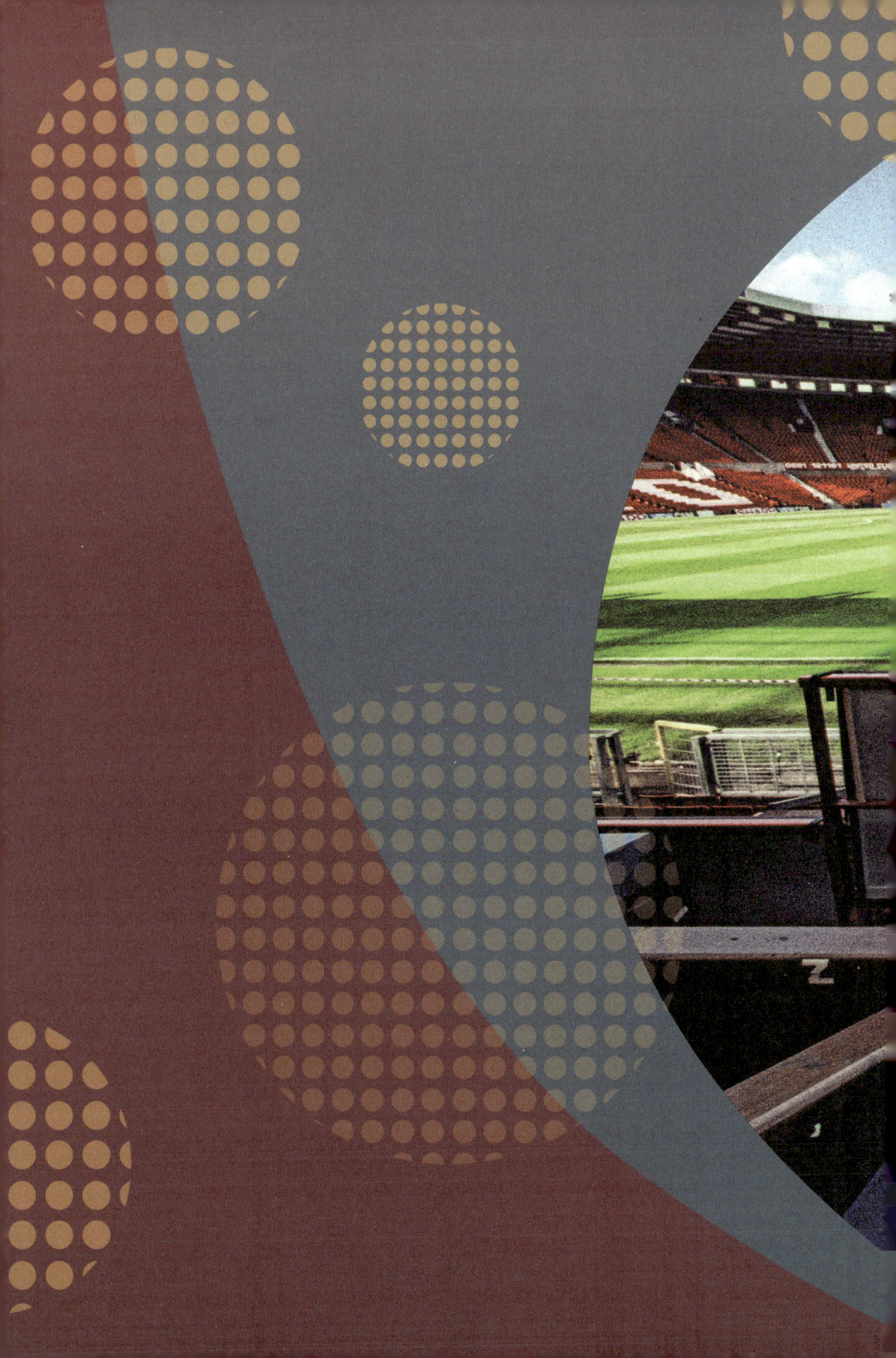

第十二章
英超新时代

1991—1992赛季是英甲作为英格兰顶级足球联赛的最后一个赛季，1992—1993赛季是英超正式成立的第一个赛季。从英甲到英超，绝非"忽如一夜春风来"，英格兰顶级足球联赛也并不只是换了一个名字而已，更确切地说，是换了一种活法。

01

臭名昭著的足球流氓

提到足球流氓,不仅整个世界足坛深恶痛绝,英国球迷自己也愤恨不已。

01 臭名昭著的足球流氓

英甲时代的终结是在 20 世纪 90 年代初,但从 20 世纪 70 年代中期开始,它的帷幕就已缓缓下落。从成绩上来看,那是英格兰足球的黄金期:利物浦队在 1977 年夺得欧冠冠军,这是继 1968 年的曼联队之后,第一次有英格兰球队夺得欧洲足坛的至尊荣誉;次年,正处鼎盛期的利物浦队在欧冠成功卫冕;接下来两个赛季,则是诺丁汉森林队异军突起,蝉联欧冠冠军,成为震惊足坛的黑马;其后利物浦队和阿斯顿维拉队称雄——至此,英甲球队连续六个赛季问鼎欧冠,这一成就至今没有任何其他欧洲国家的足球联赛能够媲美。1983 年汉堡队敲断英甲球队卫冕链条中的一环,但直到 1984 年利物浦队夺冠后,英甲球队对欧冠冠军的垄断才宣告终结。

从1977年到1984年,英甲球队创造了欧冠历史上无比辉煌的"不列颠时代",但从1975年到1986年,英格兰本土联赛的上座率却下降了三分之一,斯诺克甚至一度超越足球,成为最受英国人追捧的运动项目。造成这种巨大反差的原因是什么呢?让我们先来看看当时的英国球迷是怎样看球的吧。

啤酒是球迷观赛的必需品,球队提供下酒的食品,主要是派,但做得很粗糙,谈不上美味。球迷要的不是美酒佳肴,而是边看球,边喝酒,边与旁边的球迷闲聊调侃的惬意气氛。主队球迷还有一项特权,可以根据球队的进攻方向随意更换看球的位置和看台,没有固定性可言。

听起来不错吧?其实不然。经历过那个时代的阿森纳队著名球迷皮尔斯·摩根回忆道:"前往令人作呕的球场,吃着味道可怕的派,喝着滋味令人厌恶的啤

第十二章 英超新时代

酒，还得和客队球迷打一架。"有人用了三个词来形容当时现场看球的观感：冰冷、灰暗、消沉。

摩根的话反映了两个问题：球场、派和啤酒是球队为球迷提供的服务，服务意识的欠缺并不致命，最致命的是最后一句，因为它代表着球场暴力。如果所有球迷都很有教养、彬彬有礼，哪怕在酒精的熏染下也能保持英国绅士的风度，那么就不会产生这个问题，更不会产生臭名昭著的足球流氓了。

提到足球流氓，不仅整个世界足坛深恶痛绝，英国球迷自己也愤恨不已。摩根讲述他在 1983 年的亲身经历："一个喝醉的人拿起玻璃杯，狠狠砸在我头上，而我和他是一个球队的球迷，天知道他是怎样对待客队球迷的。"所以，很少有父母愿意让自己的孩子在 20 世纪七八十年代去现场看球，甚至根本不让他们靠近球场周边，因为那里也是足球流氓的势力范围。

01 臭名昭著的足球流氓

其实早在 20 世纪 60 年代，足球流氓就开始发迹，当时他们针对的是来英国观看欧冠的国外球迷，但英国政府和英足总对球场暴力问题一直没有给予足够重视。到了 20 世纪 80 年代初，足球流氓出现低龄化、组织化的趋势，许多年轻人以此为生活方式，拉帮结派组成足球流氓集团。1985 年，《卫报》总结了新型足球流氓的特征："他们中的很多人有自己的工作，有的是大学生，有的可能已经成家立业。这些人善于创新，组织严密，有计划地进行足球流氓活动。他们甚至能负担起远赴海外的资金。传统的足球流氓本身对足球感兴趣，但这些人并不一定喜欢足球。"

除了打架斗殴之外，球场暴力的另一种表现方式是种族歧视。英格兰队首位黑人球员维夫·安德森在诺丁汉森林队完成首秀时，就遭到对方球迷的歧视，方式与现在的种族歧视没有太大区别——朝他扔水果。赛后，安德森对主教练布莱恩·克拉夫说道："他们朝我扔了两个梨、一个香蕉。"利物浦队的黑人边锋约翰·巴恩斯也有过相同遭遇，在默西塞德郡德比中，埃弗顿队球迷向他投掷香蕉，并高唱"埃弗顿是白色的"。

02

惨案连连，"铁娘子"开战

最后，1985年一系列事件的发生，让足球流氓真正成为撒切尔夫人眼中的"麻烦制造者"。

02 惨案连连，"铁娘子"开战

有一个人对以上种种行径深恶痛绝，她就是1979年开始担任英国首相的"铁娘子"撒切尔夫人。虽然她的丈夫喜爱高尔夫球运动，儿子从学生时代就开始打板球，但撒切尔夫人对任何体育运动都毫无兴趣，当然也包括足球，英足总前CEO格拉汉姆·凯利称她是"鄙视足球的恶霸"。撒切尔夫人任命对足球一窍不通的人担任体育大臣，她的"足球智囊"是卢顿队的主席大卫·埃文斯，埃文斯竟然建议禁止球迷到客场观赛。

上任伊始，撒切尔夫人并未打算和足球流氓开战。1980年欧洲杯，英格兰队球迷与意大利队球迷发生冲突，她也只是向意大利政府道歉，没有采取任何措施。但在客观上，撒切尔夫人还是对英格兰足球的发展产生了重要影响。首先，她推行的货币主义经济政策导致大量工人失业，而他们是球迷群体的主力军，哪怕一场英甲比赛的最低票价只有3.5英镑，很多球迷也负担不起了，这导致英甲球队的门票收入大幅下降。

其次，撒切尔夫人关闭煤矿的政策导致政府与矿工的冲突，这让"铁娘子"格外重视公共秩序的稳定，一旦碰上"麻烦制造者"必施以严惩。再次，1982年马岛战争爆发，英国成为最终的胜利者，战争的胜利让足球流氓变得更自负、更排外，越来越肆无忌惮。最后，1985年一系列事件的发生，让足球流氓真正成为撒切尔夫人眼中的"麻烦制造者"。

第一起事件发生于1985年3月，卢顿队球迷和来访的米尔沃尔队球迷之间发生大规模骚乱，造成47人受伤，就连警察也遭到足球流氓的袭击。撒切尔夫人

第十二章 英超新时代

怒不可遏，将英足总和联赛的负责人召集到首相办公室，要求足球管理机构承担起球场安全的责任，要求球队加快引进闭路电视。5月，布拉德福德球场火灾惨案发生，一个烟头点燃了球场年久失修的木制看台，导致大火蔓延，最终这场火灾夺走56人的生命，超过200人受伤。就在同一天，一名小球迷在伯明翰队和利兹联队球迷的骚乱中丧生。

接下来，便是发生于1985年5月29日的海瑟尔球场惨案了。利物浦队与尤文图斯队在布鲁塞尔的海瑟尔球场争夺欧冠冠军，赛前双方球迷发生激烈冲突，导致39名球迷身亡。撒切尔夫人在电视上看到这起事件的报道，心中的怒火可想而知。还没等欧足联做出处罚决定，英足总就宣布所有英格兰球队退出欧洲赛事，撒切尔夫人再次公开向意大利政府道歉，不过这次在道歉之外，她还宣布对"麻烦制造者"进行控制和严惩，并委任奥利弗·帕波维尔爵士就相关事件进行质询，并提交一份报告。

02 惨案连连，"铁娘子"开战

很快，英国政府就通过禁酒令：球迷不能在球场、大巴甚至火车上饮酒。禁酒令引发许多球队的不满，因为啤酒是其重要的收入来源。1986 年 1 月，帕波维尔爵士的最终报告出炉，他建议放宽球场禁酒令，但啤酒只提供给行政包厢里的球迷，看台上的球迷依然不能饮酒，同时表示如果足球流氓问题不能得到解决，足球比赛可能无法再继续下去，建议赋予警方搜查球迷的权力，阻止球迷携带投掷物和烟雾弹入场。

在报告中，帕波维尔爵士不支持"设立全座椅看台"的建议，认为足球流氓会把椅子拆卸下来当作武器。英国政府接受了帕波维尔爵士的部分建议，比如允许行政包厢里的球迷饮酒。内务大臣道格拉斯·胡德还要求球队加快推行会员身份准入制度，此举遭到球队的反对，球迷更是掀起抗议浪潮。

时间来到 1989 年 4 月 15 日，震惊世界足坛的希尔斯堡惨案发生，96 名利物浦队球迷在骚乱中身亡。英国议会委派以大法官彼得·泰勒为首的调查团进行

第十二章 英超新时代

调查。1989 年 8 月,调查团发布《希尔斯堡球场事故调查报告》的中期报告;1990 年 1 月,又发布《希尔斯堡球场事故调查报告》的最终报告,即著名的《泰勒报告》。

在这份报告中,调查团认为应该终止会员身份准入制度,泰勒表示:"我怀疑这一制度是否能达到让足球流氓远离球场的目的。我认为它达不到。我认为短期内它可能会增加球场外的麻烦。"在报告中,泰勒还要求球场看台全部设立座椅,这是在敦促球队提高服务意识,真正把球迷当作顾客,给他们提供安全的看球环境。

03

旧时代终结，英超的诞生

1992年8月15日，历史上第一轮英超比赛正式打响。

第十二章 英超新时代

以上，便是英超诞生之前的时代背景，但有这样的时代背景，并不意味着英超的诞生就是理所当然，它需要一根导火索，这根导火索就是转播权大战。20世纪80年代，英格兰足球联赛的电视转播由BBC（英国广播公司）和ITV（独立电视）联手垄断，而所有球队都意识到垄断集团的存在无助于电视转播比赛价值的提升，双方之间一直存在斗争。BBC和ITV以退出足球转播相威胁，逼迫当时英甲的"Big 5"（曼联队、利物浦队、阿森纳队、埃弗顿队、热刺队）妥协。

03 旧时代终结，英超的诞生

此时，传媒巨头鲁伯特·默多克的BskyB（英国天空广播公司）杀了出来。推崇付费模式的BskyB愿意将每年的转播费提升至2500万英镑，还愿意牺牲拳击和其他运动项目的部分收入，这让英甲秘书格拉汉姆·凯利很感兴趣。BskyB的报价令ITV的体育主管格雷格·戴克深感紧张，他不像保守的同行那样不看好，甚至敌视付费模式，认为这种模式会给传统转播业带来冲击，但戴克未能成功劝说BBC同意他的看法，于是ITV与BBC的垄断联合破裂了。

为了得到足球界的支持，戴克联络当时的阿森纳队副主席大卫·戴恩。经过戴恩的引荐，他在1988年6月与"Big 5"的代表进行会谈。为表诚意，戴克首先承认ITV和BBC之间确实存在过垄断联合，然后向"Big 5"表明自己的立场：ITV给出的转播费不如BskyB，但转播费将由实力最强的"Big 5"分享，4级足球联赛的其他87支球队都没份儿！

戴克的想法其实很简单：只有强强对抗（而非强弱对话）才能吸引到足够多的电视观众，转播方和豪门球队才能赚到更多的钱。进一步来说，如果一个联赛的比赛全部都是强强对话，那么转播方和球队的利润将最大化。于是，由强队组成的"超级联赛"这一概念首次问世。

当然，只有"Big 5"的支持还不够。第二次会议，西汉姆联队、纽卡斯尔联队、阿斯顿维拉队、诺丁汉森林队、谢菲尔德星期三队也加入其中，这些球队与"Big 5"一道被称为"ITV 10"。对于戴克的"分裂"行为，英甲方面当然表示了不满和抗议，最终双方协商确定ITV匹配BskyB给出的4年5300万英镑的报价。不过在私下里，戴克向"Big 5"保证，会多安排其比赛直播。

中小球队也不是傻子，ITV对"Big 5"的偏袒令其很不满意。作为报复，阿森纳队副主席大卫·戴恩和埃弗顿队主席菲利普·卡特被赶出联赛管理委员会。切尔西队主席肯·贝茨和水晶宫队主席罗恩·诺阿德斯还提出减少英甲球队数量的计划，由现有的22队减至20队，最终目标是减少到18队。这一计划其实对

第十二章 英超新时代

"Big 5"更有利,因为"Big 5"的实力保证其不会降级,而联赛球队数量越少,"Big 5"获得的权力就越大、占有的财富就越多。以"Big 5"为首的强队想要攫取更大的利益,所以决定退出足球联赛,另立门户。

想要自立门户,首先要占据道德制高点。"Big 5"给出的理由冠冕堂皇:最上层,其宣称会利用手中的金钱和权力来全力支持英格兰队;最底层,其宣称支持草根足球,致力于业余足球和学校足球事业的发展。热刺队主席埃尔文·斯考拉表示:"过去一谈退出,大球队都被视为反面角色,但这次我们要让英格兰队变得更好。"

说得好听。事实上,"Big 5"从未想真正自上而下地改革英格兰足球,其最关注的还是自己的利益,想利用英足总和足球联赛长久以来的矛盾来换取英足总对其退出的支持。因为一个联赛不可能只有5支球队参加,而由"Big 5"单独发起组建的话,不会赢得其他球队的信任,但由英足总出面的话,情况就大不相同了。

"Big 5"之外的英甲球队,相对于其他级别联赛的球队来说,也属于大球队,"Big 5"联手英足总对抗足球联赛,优势明显,为了前途和"钱途"考虑,这些球队决定追随"Big 5",共同退出足球联赛。接下来是一系列手续问题,由曾经当过财务总监的里克·帕里负责,他很快便完成了有关顶级球队退出足球联赛的法律与技术事务,还就球员的合同问题与职业球员工会达成一致。

1991年4月5日,创立英超的计划公之于众,在媒体和球迷中引起轩然大波。三天后,英足总公开表示支持这一计划。同年5月,英足总主席伯特·米利奇普与22支英甲球队会面,米利奇普提出新联赛一开始就由18队组成,球队方面表示理解英足总希望减少参赛队位以便留给英格兰队更多备战时间,但询问是否有妥协空间,米利奇普立刻就妥协了:"你们的联赛,你们决定。"最终,双方议定新联赛于1992—1993赛季开始,创始成员为22队,至1996—1997赛季减少至18队。

03 旧时代终结，英超的诞生

其实，当时水晶宫队主席诺阿德斯还有更大的野心，那就是让英乙 24 队里的 18 支球队也退出足球联赛系统，组成英超系统下的第二级别联赛。对此他很有信心，提出给他 7 天时间来说服 18 支英乙球队，但诺阿德斯的想法没有获得其他人的支持，只能作罢。

1992 年 2 月 20 日，英超联赛正式创立。不过由于西汉姆联队、诺茨郡队和卢顿队排在末代英甲的最后三名，必须接受降级的命运，所以其创始会员席位被升班马布莱克本流浪者队、米德尔斯堡队、伊普斯维奇队取代。英超的 22 支创始球队正式诞生：阿森纳队、阿斯顿维拉队、切尔西队、考文垂队、水晶宫队、埃弗顿队、利兹联队、布莱克本流浪者队、利物浦队、曼城队、曼联队、诺维奇队、诺丁汉森林队、米德尔斯堡队、奥尔德汉姆队、女王公园巡游者队、谢菲尔德联队、谢菲尔德星期三队、南安普顿队、热刺队、伊普斯维奇队、温布尔登队。

原先的"18 队计划"也成为历史，取而代之的是由 22 队减少至 20 队，计划在 1997 年完成（最终提前至 1995 年，1994—1995 赛季是英格兰顶级足球联赛最后一次由 22 支球队参加）。新的联赛自然需要新的管理机构，董事会只有两人：里克·帕里担任 CEO，巴克莱银行主席约翰·昆顿担任兼职主席。不设立永久性的委员会，所有决定都由英超球队集体表决，每队一票，超过三分之二才能通过，这样一来，"Big 5"的权力就得到了遏制。

英超成立后，接下来就是未完待续的转播权大战了。ITV 的转播合同于 1992 年到期，新的英超要有新的转播合同，而且价位水涨船高。在 1992 年 5 月的最终投票之前，ITV 开出 5 年共计 2.62 亿英镑的转播合同（含海外转播收入和赞助商收入，下同），这要比 BskyB 与 BBC 的联手竞标价格高。但帕里想要双方展开更激烈的竞争，他打电话给 BskyB 的 CEO 萨姆·齐斯霍姆要求提高报价，齐斯霍姆直接致电身在纽约的默多克，得到领导的支持后，他开出 BskyB 与 BBC 的联合报价：5 年 3.04 亿英镑！

第十二章 英超新时代

帕里向昆顿推荐了 BskyB 与 BBC 的报价，阿森纳队副主席戴恩支持的则是 ITV，他质疑 BskyB 负债，但被昆顿一句"每个公司都负债"给堵了回去。在最终投票中，BskyB 与 BBC 获得 14 票，ITV 获得 6 票，另有 2 张弃权票。"Big 5"一致支持 ITV，但在每队一票的规则面前，他们也无能为力。这 5 年 3.04 亿英镑合同的具体细节为：BskyB 支付 1.915 亿英镑，每年转播 60 场比赛，BBC 支付 2250 万英镑，购买制作《当日比赛》节目的版权，海外转播收入预计为 4000 万英镑，而赞助商收入预计为 5000 万英镑。

1992 年 8 月 15 日，历史上第一轮英超比赛正式打响。在布拉莫巷球场，谢菲尔德联队前锋布莱恩·迪恩打入英超历史首球，而被他攻破球门的球队，正是后来成为英超头号霸主的曼联队。始于 1888 年，终于 1992 年，英甲作为英格兰顶级足球联赛的时代落下帷幕，英超的时代正式来临。旧时代结束，新时代开启，那是一个属于"天空"的时代，一个商业化、全球化的时代，一个我们正在经历的时代。

04

三十年，两场奇迹

30多年来，只有7支球队成为英超王者，而另外2支球队的称霸，则称得上是奇迹。

第十二章 英超新时代

从 1992—1993 赛季到 2023—2024 赛季,英超创立已经超过 30 年。

夺冠次数最多的是曼联队,13 次问鼎英超,全部是在弗格森执教时期,弗格森退休之后曼联队再也没能夺得英超冠军。曼城队在完成史无前例的英超四连冠之后,以 8 次夺冠排名历史第二。切尔西队 5 次斩获英超冠军,位列第三。阿森纳队 3 次折桂,但最近一次已经是 2003—2004 赛季的事情了。在英甲时代 18 次捧起冠军奖杯的利物浦队,直到 2019—2020 赛季才实现了英超首冠。

这 5 支球队,在英甲时代就已经书写过属于自己的辉煌,在英超时代又将辉煌重塑。30 多年来,只有 7 支球队成为英超王者,而另外 2 支球队的称霸,则称得上是奇迹。

第一个奇迹的缔造者,是布莱克本流浪者队。布莱克本流浪者队成立于 1875 年,早在 1911—1912 赛季和 1913—1914 赛季,就曾两次夺得英甲冠军,但此后与英甲冠军无缘。

直到 1990 年,布莱克本当地的钢铁厂老板、有"钢铁大王"之称的杰克·沃克收购了这支自己从小就支持的球队。虽然在 1990—1991 赛季,布莱克本流浪者队仅仅排名英乙第 19 名,但杰克·沃克随后开始在转会市场上投入大手笔,先是请来肯尼·达格利什,接着又引进阿兰·赖特、科林·亨德利、迈克·纽维尔等悍将。

1991—1992 赛季,布莱克本流浪者队获得英乙第 6 名,成功搭上升级附加赛的末班车,并在附加赛中连续淘汰德比郡队和莱斯特城队,成功升入刚刚成立

04 三十年，两场奇迹

的英超，成为创始球队之一。

进入英超之后，杰克·沃克继续挥金如土，最重磅的交易就是以打破英格兰转会纪录的 350 万英镑签下南安普顿队的阿兰·希勒，其他重要引援还包括格雷厄姆·勒索克斯、蒂姆·舍伍德等。1992—1993 赛季，以英超冠军为目标的布莱克本流浪者队虽然只获得第 4 名，但对于一支曾经阔别顶级联赛近 30 年的球队来说，这一成绩已经相当不俗。

1993—1994 赛季，斯图尔特·里普利和凯文·加拉赫的加盟，让布莱克本流浪者队的实力进一步增强，成绩也继续提升，最终屈居曼联队之后，获得亚军。杰克·沃克自然是再接再厉，又以刷新纪录的 500 万英镑从诺维奇队签下克里斯托夫·萨顿，与阿兰·希勒组成了威震天下的"SAS"组合。

1994—1995 赛季，布莱克本流浪者队虽然在三大杯赛（欧洲联盟杯、足总杯、

第十二章 英超新时代

联赛杯）早早出局，但更能集中注意力应付英超赛事，整个赛季以微弱优势领先曼联队，直至最后一轮比赛。末轮较量，布莱克本队 1 比 2 负于利物浦队，本以为功亏一篑之际，没想到曼联队在客场与西汉姆联队 1 比 1 战平！

这样一来，自 1914 年之后，顶级联赛奖杯终于重回布莱克本，布莱克本流浪者队也成为英超成立后的第二支冠军球队。

夺冠之后，肯尼·达格利什晋升为足球总监，布莱克本流浪者队却迅速走向下坡路，1995—1996 赛季仅仅获得第 7 名。1996 年夏天，阿兰·希勒以破纪录的 1500 万英镑转会费转投纽卡斯尔联队，标志着冠军球队的解体。

布莱克本流浪者队上一次征战英超，还是在 2011—2012 赛季，而降级之后，球队一直在英冠徘徊，截至 2023—2024 赛季结束，还是未能回到英超的舞台。

第二个奇迹，也可能是英格兰足球历史上最伟大的奇迹之一，它的缔造者是

04 三十年，两场奇迹

莱斯特城队。

莱斯特城队成立于1884年，前身是莱斯特福斯队，1919年一战结束之后改用现在的名字，绰号"狐狸"。在英甲时代，莱斯特城队的最高排名是亚军，从未夺冠，联赛杯冠军是其拿到的最高荣誉。

直到2010年8月，以泰国王权集团主席维猜·斯里瓦塔那布拉帕为首的亚洲足球投资集团斥资3900万英镑收购了莱斯特城队。在维猜的大力支持下，莱斯特城队夺得2013—2014赛季英冠冠军，时隔十年再度回到英超。

2014—2015赛季，莱斯特城队仅排名英超第14位，惊险保级。2015年6月，球队解雇了主教练奈吉尔·皮尔森，取而代之的是意大利名帅克劳迪奥·拉涅利。与此同时，"狐狸"还在夏季转会市场上引进了日本前锋冈崎慎司、法国后腰恩戈洛·坎特、德国中卫罗伯特·胡特和奥地利边卫克里斯蒂安·富克斯等球员，再

第十二章 英超新时代

加上杰米·瓦尔迪、里亚德·马赫雷斯等球员，实力颇为强大。

不过即便如此，也没有任何人看好"狐狸"，博彩公司为莱斯特城队英超夺冠开出的赔率，仅仅是1赔5000！然而开局前6轮，莱斯特城队保持不败，位居前四。虽然第7轮被阿森纳队2比5击败，但"狐狸"迅速反弹，立刻取得8胜2平的10轮不败，包括战平曼联队、击败切尔西队。

13轮过后，莱斯特城队一度登顶英超积分榜，虽然在第18轮输给了利物浦队，但"狐狸"还是先后战平曼城队、战胜热刺队，从第22轮过后就稳居积分榜榜首！第26轮，莱斯特城队遭到阿森纳队的赛季"双杀"，不过这也是"狐狸"输的最后一场比赛了，最后12轮取得8胜4平的战绩，保持不败。

第36轮，莱斯特城队客场1比1战平曼联队，提前两轮赢得了英超冠军，这也是其历史上的第一座顶级联赛冠军奖杯！

04 三十年，两场奇迹

奇迹之所以是奇迹，就因为它罕见。夺冠之后，莱斯特城队的神奇不再，2017年2月23日，球队以成绩不佳为由解雇了功勋教练拉涅利。2018年10月27日，维猜在现场观看完莱斯特城队1比1战平西汉姆联队的比赛后，搭乘私人直升机离开皇权球场，然而直升机在起飞后不久就发生坠机事故，机上包括维猜在内的5人全部遇难！至此，"狐狸神话"也画上了一个悲剧性的句号。

莱斯特城队是截至2023—2024赛季结束最后一支英甲时代从未夺冠、英超时代夺得首冠的球队。随着曼城队在2023—2024赛季完成四连冠之后，英超冠军似乎彻底成为豪门球队手中的"玩物"，不过球迷依然在期待着第三个奇迹的发生，这也是英超最大的魅力所在。

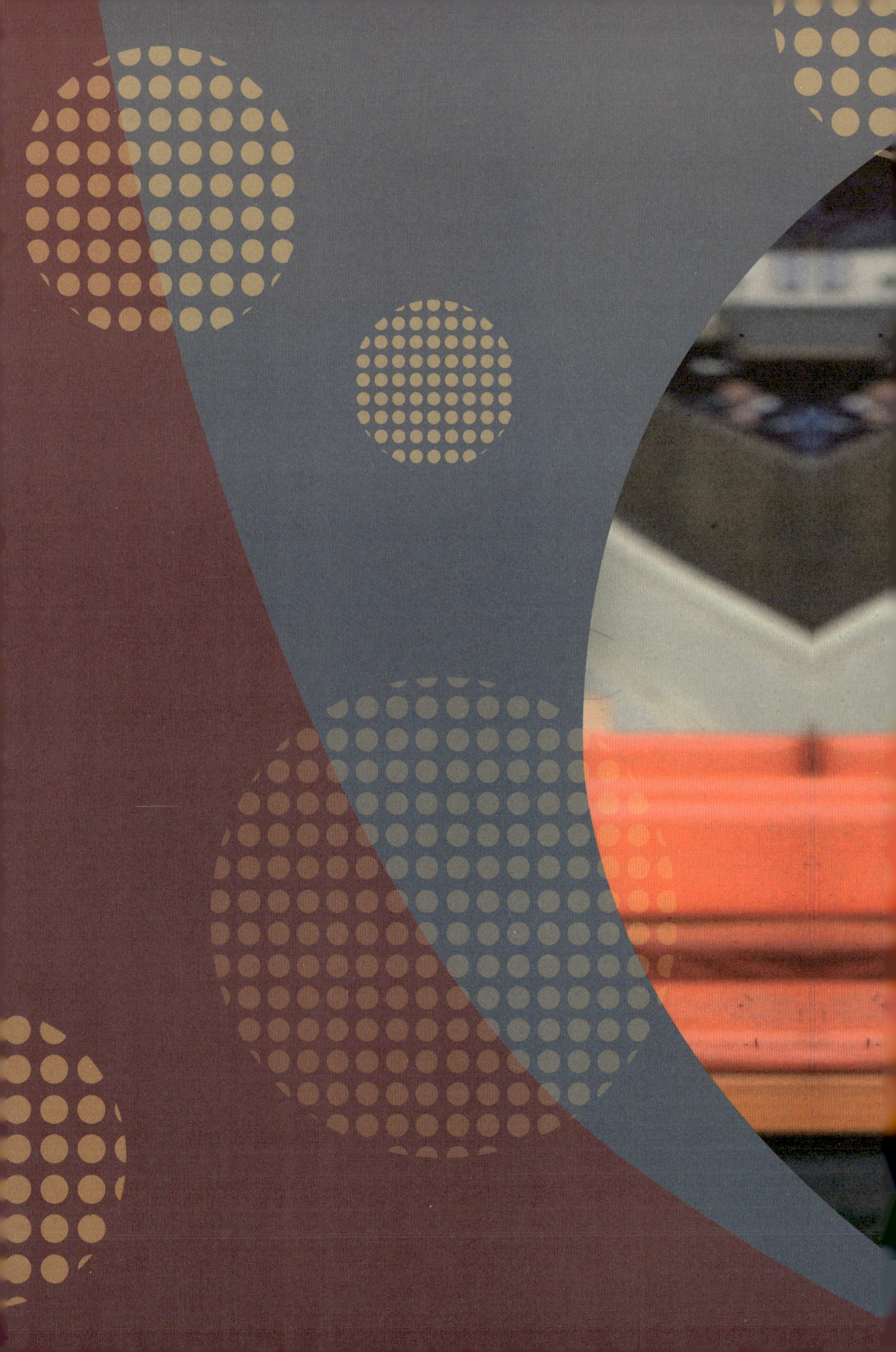

附录

历届英甲冠军（1888-1992年）

赛季	冠军	场次	胜	平	负	进球	失球	积分
1888—1889	普雷斯顿队	22	18	4	0	74	15	40
1889—1890	普雷斯顿队	22	15	3	4	71	30	33
1890—1891	埃弗顿队	22	14	1	7	63	29	29
1891—1892	桑德兰队	26	21	0	5	93	36	42
1892—1893	桑德兰队	30	22	4	4	100	36	48
1893—1894	阿斯顿维拉队	30	19	6	5	84	42	44
1894—1895	桑德兰队	30	21	5	4	80	37	47
1895—1896	阿斯顿维拉队	30	20	5	5	78	45	45
1896—1897	阿斯顿维拉队	30	21	5	4	73	38	47
1897—1898	谢菲尔德联队	30	17	8	5	56	31	42
1898—1899	阿斯顿维拉队	34	19	7	8	76	40	45
1899—1900	阿斯顿维拉队	34	22	6	6	77	35	50
1900—1901	利物浦队	34	19	7	8	59	35	45
1901—1902	桑德兰队	34	19	6	9	50	35	44
1902—1903	星期三队	34	19	4	11	54	36	42
1903—1904	星期三队	34	20	7	7	48	28	47
1904—1905	纽卡斯尔联队	34	23	2	9	72	33	48
1905—1906	利物浦队	38	23	5	10	79	46	51
1906—1907	纽卡斯尔联队	38	22	7	9	74	46	51
1907—1908	曼联队	38	23	6	9	81	48	52
1908—1909	纽卡斯尔联队	38	24	5	9	65	41	53
1909—1910	阿斯顿维拉队	38	23	7	8	84	42	53
1910—1911	曼联队	38	22	8	8	72	40	52
1911—1912	布莱克本流浪者队	38	20	9	9	60	43	49
1912—1913	桑德兰队	38	25	4	9	86	43	54
1913—1914	布莱克本流浪者队	38	20	11	7	78	42	51
1914—1915	埃弗顿队	38	19	8	11	76	47	46
1919—1920	西布罗姆维奇队	42	28	4	10	104	47	60
1920—1921	伯恩利队	42	23	13	6	79	36	59
1921—1922	利物浦队	42	22	13	7	63	36	57
1922—1923	利物浦队	42	26	8	8	70	31	60
1923—1924	哈德斯菲尔德队	42	23	11	8	60	33	57
1924—1925	哈德斯菲尔德队	42	21	16	5	69	28	58
1925—1926	哈德斯菲尔德队	42	23	11	8	92	60	57
1926—1927	纽卡斯尔联队	42	25	6	11	96	58	56
1927—1928	埃弗顿队	42	20	13	9	102	66	53
1928—1929	星期三队	42	21	10	11	86	62	52
1929—1930	谢菲尔德星期三队	42	26	8	8	105	57	60
1930—1931	阿森纳队	42	28	10	4	127	59	66
1931—1932	埃弗顿队	42	26	4	12	116	64	56
1932—1933	阿森纳队	42	25	8	9	118	61	58
1933—1934	阿森纳队	42	25	9	8	75	47	59
1934—1935	阿森纳队	42	23	12	7	115	46	58
1935—1936	桑德兰队	42	25	6	11	109	74	56
1936—1937	曼城队	42	22	13	7	107	61	57
1937—1938	阿森纳队	42	21	10	11	77	44	52
1938—1939	埃弗顿队	42	27	5	10	88	52	59
1946—1947	利物浦队	42	25	7	10	84	52	57
1947—1948	阿森纳队	42	23	13	6	81	32	59

赛季	冠军	场次	胜	平	负	进球	失球	积分
1948—1949	朴次茅斯队	42	25	8	9	84	42	58
1949—1950	朴次茅斯队	42	22	9	11	74	38	53
1950—1951	热刺队	42	25	10	7	82	44	60
1951—1952	曼联队	42	23	11	8	95	52	57
1952—1953	阿森纳队	42	21	12	9	97	64	54
1953—1954	狼队	42	25	7	10	96	56	57
1954—1955	切尔西队	42	20	12	10	81	57	52
1955—1956	曼联队	42	25	10	7	83	51	60
1956—1957	曼联队	42	28	8	6	103	54	64
1957—1958	狼队	42	28	8	6	103	47	64
1958—1959	狼队	42	28	5	9	110	49	61
1959—1960	伯恩利队	42	24	7	11	85	61	55
1960—1961	热刺队	42	31	4	7	115	55	66
1961—1962	伊普斯维奇队	42	24	8	10	93	67	56
1962—1963	埃弗顿队	42	25	11	6	84	42	61
1963—1964	利物浦队	42	26	5	11	92	45	57
1964—1965	曼联队	42	26	9	7	89	39	61
1965—1966	利物浦队	42	26	9	7	79	34	61
1966—1967	曼联队	42	24	12	6	84	45	60
1967—1968	曼城队	42	26	6	10	86	43	58
1968—1969	利兹联队	42	27	13	2	66	26	67
1969—1970	埃弗顿队	42	29	8	5	72	34	66
1970—1971	阿森纳队	42	29	7	6	71	29	65
1971—1972	德比郡队	42	24	10	8	69	33	58
1972—1973	利物浦队	42	25	10	7	72	42	60
1973—1974	利兹联队	42	24	14	4	66	31	62
1974—1975	德比郡队	42	21	11	10	67	49	53
1975—1976	利物浦队	42	23	14	5	66	31	60
1976—1977	利物浦队	42	23	11	8	62	33	57
1977—1978	诺丁汉森林队	42	25	14	3	69	24	64
1978—1979	利物浦队	42	30	8	4	85	16	68
1979—1980	利物浦队	42	25	10	7	81	30	60
1980—1981	阿斯顿维拉队	42	26	8	8	72	40	60
1981—1982	利物浦队	42	26	9	7	80	32	87
1982—1983	利物浦队	42	24	10	8	87	37	82
1983—1984	利物浦队	42	22	14	6	73	32	80
1984—1985	埃弗顿队	42	28	6	8	88	43	90
1985—1986	利物浦队	42	26	10	6	89	37	88
1986—1987	埃弗顿队	42	26	8	8	76	31	86
1987—1988	利物浦队	40	26	12	2	87	24	90
1988—1989	阿森纳队	38	22	10	6	73	36	76
1989—1990	利物浦队	38	23	10	5	78	37	79
1990—1991	阿森纳队	38	24	13	1	74	18	83
1991—1992	利兹联队	42	22	16	4	74	37	82

备注：1. 1915—1916赛季至1918—1919赛季，英甲因一战停摆。
2. 1939—1940赛季至1945—1946赛季，英甲因二战停摆。
3. 1888—1889赛季至1980—1981赛季，积分政策为获胜积2分，平局两队各积1分，输球不积分；
1981—1982赛季开始，积分政策为获胜积3分，平局两队各积1分，输球不积分。
4. 谢菲尔德星期三队在1929年前被称作星期三队。
5. 1990—1991赛季，阿森纳队由于在一场比赛中发生斗殴事件，被扣2分。

英甲夺冠次数排行榜（1888—1992年）

排名	球队	夺冠次数
1	利物浦队	18
2	阿森纳队	10
3	埃弗顿队	9
4	曼联队	7
4	阿斯顿维拉队	7
6	桑德兰队	6
7	谢菲尔德星期三队	4
7	纽卡斯尔联队	4
9	利兹联队	3
9	狼队	3
9	哈德斯菲尔德队	3
12	普雷斯顿队	2
12	布莱克本流浪者队	2
12	热刺队	2
12	德比郡队	2
12	伯恩利队	2
12	朴次茅斯队	2
12	曼城队	2
19	伊普斯维奇队	1
19	诺丁汉森林队	1
19	谢菲尔德联队	1
19	切尔西队	1
19	西布罗姆维奇队	1